Thomas Sampl
Madlen Zeller

GESUND MIT VISITE

SIMPEL MIT SAMPL

Einfach gute Rezepte und Tipps für ein gesundes Leben

Inhalt

THOMAS
SAMPL

Mit besten Grüßen aus der Visite-Redaktion

Langsam, still, aber stetig hat sich etwas verändert in der Medizin: Die Erkenntnis ist gewachsen, wie enorm wichtig die Ernährung für unsere Gesundheit ist, dafür dass wir gesund bleiben und sogar gesund werden! Vor zehn Jahren führte die Ernährungsmedizin noch ein Nischendasein, von den Spezialisten vieler Fachrichtungen als wenig wissenschaftlich basiert belächelt. Das ändert sich gerade, und das freut uns von der Visite-Redaktion besonders. Denn wie viel Menschen bei sehr unterschiedlichen Erkrankungen und Beschwerden mit gezieltem Essen erreichen können, das beobachten und berichten wir in der Visite schon seit Jahren.

Unsere Experten haben besonders in den Gebieten Diabetes, Herz-Kreislauf-Erkrankungen, Magen-Darm-, Haut- oder Gelenkentzündungen mit einer auf die Bedürfnisse zugeschnittenen Ernährung erstaunliche Erfolge erzielt, oft größere Erfolge als mit Medikamenten. Nicht selten konnte die Dosis stark reduziert, Tabletten sogar ganz abgesetzt werden. Auch viele Zuschauerreaktionen bestätigen uns das immer wieder.

Und nun kommt das Beste: Mit dem richtigen Essen gesund werden oder gesund bleiben bedeutet nicht Verzicht oder Selbstkasteiung! Gesundes Essen schmeckt, kann einfach zubereitet werden und macht Spaß! Das haben Madlen Zeller und Thomas Sampl in zahlreichen Beiträgen in der Visite gezeigt.

Simpel mit Sampl – einfach gut kochen mit dem Profikoch Thomas Sampl und der Medizinjournalistin Madlen Zeller, die neben ihrem großen Gesundheitswissen und ihren Recherchen zur Wirkung und Zusammensetzung der Inhaltsstoffe der Zutaten auch selbst gerne kocht und isst. Egal ob Ballaststoffe, Kohl oder Quark – mit den beiden macht Kochen Spaß und es schmeckt. Und ganz nebenbei erfahren wir so einiges über die erstaunliche medizinische Wirkung vieler Nahrungsmittel, die uns bisher eher alltäglich erschienen. Dazu gibt es Tipps und Tricks vom Profi für den Einkauf und die Zubereitung.

Besser geht's nicht: Lecker essen, Spaß beim Kochen und nebenbei ganz aktiv etwas für die Gesundheit tun. Das alles gab es bisher nur bei Visite im NDR-Fernsehen und im Internet. Darum war es höchste Zeit, dass Madlen Zeller und Thomas Sampl sich hingesetzt und all ihre wunderbaren Rezepte sowie ihre Gesundheits- und Küchentipps für dieses Buch aufgeschrieben haben!

Friederike Krumme

Redaktionsleiterin Visite

THOMAS
SAMPL

Mit der Tomate fing alles an...

MADLEN:

„Als wir uns vor mehr als sieben Jahren das erste Mal persönlich getroffen haben, war Thomas gerade dabei, zwei Kilogramm Mini-Tomaten für eine kalte Suppe zu schälen – die Tomaten waren echt klein. Und ich schleppte eine weitere Kiste extra dunkler Tomaten an. Die hatte ich am Vortag bei Dreharbeiten im Gewächshaus eines Bauern im schleswig-holsteinischen Elmenhorst geerntet. Thomas wollte zusätzlich zu seinen Mini-Tomaten noch welche von genau diesem Hof, weil dort mehr als 600 verschiedene Sorten gezüchtet wurden und immer noch werden. Ich wollte extra dunkle, fast schwarze Tomaten. Denn je dunkler das Früchtchen ist, desto mehr Lycopin steckt drin. Wofür das gut ist, erfahren Sie auf Seite 120."

THOMAS:

„Schon bei unserem ersten Treffen war mir klar: Egal welches Gericht ich Madlen in Zukunft auf den Teller lege – es sollten am besten alle, aber wenigstens noch möglichst viele Vitamine, Mineralstoffe und Spurenelemente in den jeweiligen Grundzutaten enthalten sein. War mir sehr recht, solange alles regional und saisonal ist. Was wir dann noch brauchten, waren gesunde Fette, frische Kräuter, ein paar Gewürze, jede Menge Spaß und ein bisschen Zeit."

GEMÜSE IST UNSER DING

Nach den Tomaten haben wir zusammen gesund gegrillt, Grünkohl massiert und sogar Zucchiniblüten gefüllt. Monat für Monat schaut Thomas, was die Bauern in der Region gerade ernten, und Madlen recherchiert, bei welchen gesundheitlichen Beschwerden welches Kraut oder besser gesagt welches Gemüse hilft. Und so führt auch das Buch vom Vorfrühling bis in den Winter durch die Jahreszeiten.

Viel Geschmack geht verloren, wenn jedes Gemüse geschält und dann einfach nur in Salzwasser gekocht wird. Viele essbare und zudem sehr leckere Pflanzenteile werden abgeschält und landen im Müll. Obwohl genau dort die meisten gesunden Inhaltsstoffe drinstecken. Außerdem ist mittlerweile durch zahlreiche wissenschaftliche Studien belegt, dass Zivilisationskrankheiten wie Diabetes Typ 2, Bluthochdruck und Arterien-Verkalkung auf zu viele industriell hochverarbeitete Nahrungsmittel und zu wenige gesunde natürliche Lebensmittel zurückzuführen sind. Darum war und ist es unser Anliegen: **Gesunde Grundzutaten so zu verarbeiten, dass sie auch gesund bleiben und trotzdem ein raffiniertes Gericht ergeben.**

SIMPEL MIT SAMPL FÜR ZUHAUSE

So sind in den zurückliegenden Jahren zahlreiche Rezepte, Gesundheitstipps und Küchentricks zusammengekommen, von denen wir Ihnen mit diesem Buch gern ein paar für die eigene Küche mitgeben möchten. Denn: Wer sich ungesund ernährt, wird krank. Das muss nicht sein. **Es ist ganz simpel, gesund und lecker zu kochen.** Und zwar hauptsächlich mit heimischen Produkten.

Viel Spaß beim Nachkochen

wünschen Madlen & Thomas

THOMAS
SAMPL

EINFACH GUT ESSEN MIT VISITE

Gut kochen und das Beste aus unseren Lebensmitteln rausholen – das ist keine Wissenschaft für sich, auch wenn dahinter viel Wissen steckt. Auf den folgenden Seiten werden deshalb die wichtigsten Inhaltsstoffe und Basics von den jeweiligen Spezialisten erklärt: Thomas als Profikoch, von Madlen als Medizinjournalistin und natürlich von unseren Visite-Experten.

Das Simpel-mit-Sampl-Team stellt sich vor

THOMAS SAMPL

Das Herz unseres Teams ist ganz klar Thomas Sampl. Denn er ist verliebt in frische, regionale Lebensmittel. Im besten Fall wird das, was gleich bei uns im Topf oder in der Pfanne landet, erst kurz vor Drehbeginn von einem regionalen Erzeuger in die Küche gebracht. Thomas' Steckenpferd sind fast vergessene alte Gemüsesorten wie Mairübchen oder Küchenlangweiler wie Lauch und Sellerie.

Mit viel Kreativität komponiert er für jedes Gemüse fantasievolle Rezepte und macht sie so zu saisonalen Delikatessen. Und so ganz nebenbei hat unser Spitzenkoch immer ein Auge drauf, dass niemand im Team hungrig bleibt.

MADLEN ZELLER

Sie ist der kühle Kopf, der ab und an auch mal „Stopp" sagt, wenn Thomas' Kochkunst auf Kosten gesunder Inhaltsstoffe zu gehen droht. Auch sie hat ein Faible für frische, regionale Lebensmittel, guckt aber aus einem anderen Blickwinkel auf diese. Bei ihr zählt in erster Linie: Wieviel Gesundheit steckt drin? Wie bleiben möglichst viele Vitamine, Mineralstoffe und Spurenelemente erhalten? Bei welchen Erkrankungen können Grünkohl, Möhre und Co. im besten Fall helfen? Außerdem ist Madlen die Stimme der praktischen Vernunft: Wie kann jeder zu Hause nachkochen, was in der Sampl-Küche kreiert wurde?

Was beide neben der fachlichen Kompetenz aneinander schätzen? Den Humor des jeweils anderen. Denn im Simpel-mit-Sampl-Team wird nicht nur gerne gemeinsam gekocht, sondern genauso gern zusammen gelacht.

UNSERE SPEZIALISTEN

Thomas und Madlen verlassen sich nicht allein auf das eigene Wissen und ihre Kreativität. Zu jedem Dreh laden sie immer auch einen Arzt oder eine Apothekerin ein: zum Beispiel Deutschlands führenden Naturheilmediziner und NDR-Natur-Doc **Prof. Andreas Michalsen**, den Hamburger Ernährungs- und Sportmediziner **Niels Schulz-Ruhtenberg** und die Apothekerin und Heilkräuter-Expertin **Birgit Steinke**. Denn für jeden Visite-Beitrag ebenso wie für dieses Buch ist es Thomas und Madlen wichtig, dass alle Informationen auf dem aktuellen wissenschaftlichen Stand und durch unabhängige Studien belegt sind. Beiträge der beliebten Experten finden Sie auf den Seiten 18, 19, 20 und 23. Auf Seite 178 finden Sie ein „Tee-Spezial" von Birgit Steinke.

UNSERE TESTESSER

Ein wichtiger Teil des Sampl-Teams sind außerdem unsere Testesser. Denn ein unabhängiges Feedback, ob's schmeckt, ist uns genauso wichtig, wie gesunde Zutaten und simple Rezepte. Darum servieren wir das, was gerade frisch zubereitet wurde, am liebsten zufällig vorbeikommenden Passanten auf der Straße. Auch Hamburger Taxifahrer oder Visite-Zuschauer haben wir schon zum Testessen eingeladen. Und alternativ probieren unsere Kolleginnen und Kollegen hinter den Kameras. Klar, dass es da auch schon mal Kritik gibt. Aber die ist herzlich willkommen. Denn nur so sind unsere Gerichte nicht nur gesund, sondern auch lecker. Und so viel ist auch sicher: Bisher ist jeder satt und glücklich von einem Drehtag nach Hause gegangen.

Geschmack meets Gesundheit – ein Gespräch unter Freunden

Thomas Sampl und Madlen Zeller kochen seit 2014 wenigstens zweimal im Monat für das NDR-Gesundheitsmagazin Visite. In dieser Zeit sind mehr als 150 Rezepte für eine simple und gesunde Alltagsküche entstanden. Und aus dem Küchenchef und der Journalistin sind Freunde geworden, die ziemlich viel – aber noch längst nicht alles voneinander wissen. Ein paar Geheimnisse gibt es da noch ...

Madlen: Hast du eigentlich Visite geguckt, bevor wir uns kannten?

Thomas: Nein, aber nicht, weil ich mich nicht für Gesundheit interessiert habe. Sondern eher, weil es als Koch sehr schwer ist, dienstags um 20 Uhr 15 vor dem Fernseher zu sitzen. Aber dafür gibt's ja die Mediathek. Da guck ich mir jetzt natürlich jede Sendung an – fast jede ☺

Madlen: Was hat sich für dich durch unsere Drehs geändert?

Thomas: Durch unsere Themen werden mir jetzt viel mehr Sachen bewusst, über die ich mir früher beim Kochen nicht so viele Gedanken gemacht habe. Zum Beispiel darüber, wie schnell Vitamin C bei zu hoher Temperatur kaputt gehen kann, oder darüber, dass der Körper das Beta-Carotin nur in Verbindung mit etwas Fett aufnehmen und zu Vitamin A umwandeln kann. Klar wusste ich auch schon vorher, dass Möhren mit 'ner kleinen Flocke Butter einfach viel leckerer sind, aber dass sie das gleichzeitig auch gesünder macht, hab ich erst durch unsere gemeinsamen Visite-Beiträge gelernt.

Thomas: Du hast nicht viel gekocht, bevor wir uns getroffen haben, oder?

Madlen: Nee, und wenn, hab ich nicht gern gekocht. Ich bin viel lieber ins Restaurant gegangen und hab dann immer nach dem vermeintlich gesündesten Gericht auf der Karte gesucht. Heute gehe ich eher selten essen, koche dafür aber richtig gern. Es entspannt mich und macht mir mittlerweile richtig Spaß. Denn es ist ein gutes Gefühl, wenn man ganz genau weiß, was man da auf dem Teller hat.

Madlen: Im Fernsehen sieht es hoffentlich so aus, als würden die Kamera-Kollegen und ich nur mal kurz bei dir vorbeikommen. Tatsächlich haben wir lange Vorbereitungszeiten und mit jedem Visite-Film „klauen" wir dir wenigstens einen Arbeitstag, an dem du im Geschäft gebraucht wirst. Warum machst du immer wieder mit?

Thomas: Weil es Spaß macht. Weil es witzig ist. Und weil es schön ist, zu sehen, wie sich das Ganze entwickelt hat. Ich freue mich, wenn Visite-Zuschauer plötzlich im Restaurant oder der Markthalle stehen und sagen, dass sie gern das Brokkolirezept von gestern Abend haben möchten, oder wenn sie im Büro anrufen, weil sie sich nicht sicher sind, ob sie besser Raps- oder Olivenöl zum Massieren des Grünkohls nehmen sollen. Dann freu ich mich und denke: Alles richtig gemacht – wieder jemanden glücklich gemacht.

Thomas: Als Medizin-Journalistin könntest du über dutzende andere Themen berichten, warum landest du dann immer wieder beim Kochen und bei gesunden Lebensmitteln?

Madlen: Weil ich an mir selbst feststelle, wie viel besser es mir geht, wenn ich mich gesund ernähre. Und weil ich fest davon überzeugt bin, dass es wichtig für unsere Gesundheit ist, was wir in uns hineinschaufeln. Außerdem haben meine Recherchen und deine Rezepte einen unglaublichen Mehrwert für meine Familie. Alles, was wir zusammen kochen, koche ich auch zu Hause. Und dank deiner Zutatenlisten hab ich ja schon immer den Einkaufszettel fürs Wochenende, das ist auch sehr praktisch.

Madlen: Du warst Küchenchef in vielen Luxusrestaurants. Dort konntest du mit total ausgefallenen Zutaten wie Wildgarnelen aus dem Pazifik, Rinderfilet aus Argentinien oder Jakobsmuscheln aus Kanada kochen. Warum hast du dich von all dem verabschiedet und dich für die simple Küche ausschließlich mit regionalen Zutaten entschieden?

Thomas: Weil das für mich der einzige logische Weg ist. Es macht keinen Sinn, Garnelen aus dem Pazifik ranzuschaffen, wenn es hervorragende Zuchtware aus Norddeutschland gibt. Durch den direkten Kontakt zu den Bauern hier im Norden hab ich heute einen viel bessere Draht, um Rindfleisch in Spitzenqualität zu bekommen. Und die Rinder stehen auf Weiden vor den Toren Hamburgs. Außerdem weiß ich bei denen, dass sie wirklich artgerecht gehalten und geschlachtet wurden. Und Jakobsmuscheln sind eh überbewertet. Wilde Austern aus Büsum finde ich den wirklichen Hammer.

Madlen: Hast du eigentlich ein Lieblingsrezept in diesem Buch?

Thomas: Das eine Lieblingsrezept hab ich nicht, ich mag natürlich alle. Aber es gibt welche, die mich nachhaltig überrascht haben. Bei denen ich selbst begeistert war, wie gut sie schmecken. Der massierte Grünkohl von Seite 39 ist so eines. Der hat mit der klassisch norddeutschen Zubereitung von Grünkohl gar nichts gemeinsam, aber dass er so lecker schmeckt, hatte ich vorher selbst nicht erwartet. Superlecker finde ich auch die Frikadellen mit Erbsen von Seite 96, die gibt's regelmäßig bei mir zu Hause. Und du, welche sind deine Favoriten?

Madlen: Die Beten. Ich hab früher schon sehr gern Rote Bete gegessen. Aber meist die vorgegarte, die es geschält und vakuumiert im Supermarkt gibt. Dass Rote Bete eigentlich ganz anders beziehungsweise viel besser schmecken kann, hab ich erst erfahren, als ich deine Ofenbete (Rezept auf Seite 32) gegessen habe. Seitdem kommt die auch bei mir zu Hause regelmäßig auf die Teller. Außerdem mag ich jetzt frischen Fenchel sehr gern. Geruch und Geschmack haben mich früher immer an Tee bei Bauchweh erinnert. Aber deinen süß-saurer Fenchelsalat (Rezept auf Seite 106) finde ich sehr lecker.

Thomas: Gibt es auch etwas, das wir mal zusammen gekocht haben und das du nie wieder essen würdest?

Madlen: Ja, Innereien. Das Rinderherz ging noch. Das war nur von der Konsistenz her deutlich weicher als ein Stück Filet. Aber die Kalbsnieren gingen gar nicht. Schon der Geruch war mehr als streng, und geschmeckt haben sie mir überhaupt nicht, die waren super sauer. Darum sind diese Rezepte nicht im Buch. Und du – welches Rezept war dein No-Go?

Thomas: Die Pfannkuchen aus Kokosmehl, zu denen du mich überredet hast. Null regional, null saisonal, und geschmacklich der totale Reinfall. Die Ballaststoffe im Kokosmehl haben die ganze Flüssigkeit gezogen, darum war der Teig total klumpig, und geschmeckt haben die wie aufgeweichter Schokoriegel. Darum stehen die auch nicht in diesem Buch.

Thomas: Was ist für dich die größte Lüge, wenn es um besonders gesunde Zutaten geht?

Madlen: Himalayasalz – angeblich das Ursalz. Es soll mehr als 250 Millionen Jahre alt sein, und jedes einzelne Kristall soll die 84 Elemente der Erde enthalten. Aber das ist völliger Quatsch. Tatsächlich wurden bisher gerade mal acht Mineralstoffe im angeblichen Supersalz nachgewiesen, und die in so geringen Mengen, dass sie keine Auswirkungen auf

unsere Gesundheit haben. Zu 97 Prozent besteht Himalayasalz wie jedes Speisesalz aus Natriumchlorid. Außerdem wird Himalayasalz überhaupt nicht aus dem Bergmassiv geschlagen, sondern 200 Kilometer vom Himalaya-Massiv entfernt in Pakistans größter Salzmiene industriell abgebaut.

Madlen: Und was ist für dich die größte Lüge, wenn es um vermeintlich gesunde Zutaten geht?

Thomas: Am meisten ärgert mich, wenn auf den Verpackungen große Worte stehen wie „meine Heimat", „aus der Region", „nachhaltig" oder so was. Dann guckst du aufs Kleingedruckte und siehst, dass maximal die letzte Verpackung hier in Deutschland stattgefunden hat, die Ware aber tatsächlich in China oder Südamerika produziert wurde.

Thomas: Gibt es eigentlich was, das du bisher vor mir verheimlicht hast?

Madlen: Naja, wenn du Zutaten wie Leindotteröl, geschälte Hanfsamen oder Johannisbeeressig in einem Rezept hast, und sagst, „das gibt es überall", dann klappere ich schon mal ein paar Supermärkte ab und guck, ob es die Sachen da wirklich gibt. Bisher habe ich aber immer alles gefunden ☺

Madlen: Und du? Was verheimlichst du vor mir?

Thomas: Du trinkst irre viel Kaffee, darum schieb ich dir ab dem zweiten immer entkoffeinierten unter. Hast du bisher nie gemerkt, oder?

Madlen: Nee, überhaupt nicht.

Thomas: Was magst du an mir?

Madlen: Ich mag deine Begeisterungsfähigkeit und wie du mit allen Menschen, die dich umgeben umgehst. Ich hab dich noch nie mit jemandem ernsthaft meckern sehen, und du kennst keine Hierarchien. Egal, ob es deine Kolleginnen und Kollegen im Laden, meine NDR-Kolleginnen und -Kollegen oder ich sind – du behandelst uns alle mit der gleichen, entwaffnenden Freundlichkeit. Das finde ich großartig. Und du, was magst du an mir?

Thomas: Ich mag deine Akribie, mit der du jeden Dreh vorbereitest. Jedes noch so kleine Detail hast du vorab recherchiert, und ich kann mich zu 100 Prozent drauf verlassen. Das macht das Kochen mit dir dann sehr entspannt. Davon abgesehen bin ich recht stolz drauf, wie schön du mittlerweile Gemüse schneiden kannst. Das war ja nicht immer so …

Der Stoff, den wir brauchen – einfach gute Zutaten

In unseren Lebensmitteln steckt alles, was wir brauchen. Wer gut und gesund essen möchte, braucht daher keine Nahrungsergänzungsmittel. Und auch kein sogenanntes Superfood. Denn jedes unserer Gemüse steckt voller wertvoller Inhaltsstoffe. Man muss nur wissen, welches Gemüse welche Superkraft hat und wie man es zubereiten kann, ohne die gesunden Inhaltsstoffe zu verlieren.

Freiverkäufliche Nahrungsergänzungsmittel brauchen wir schon mal nicht. In den allermeisten Fällen sind sie Geldverschwendung. Denn bisher ist wissenschaftlich gar nicht bewiesen, dass unser Körper in Kapseln, Pillen oder zu Trinkkuren verarbeitete Vitamine, Mineralstoffe und Spurenelemente genauso gut verwerten kann wie ihre natürlichen Vorbilder.

Zudem gibt es bei Nahrungsergänzungsmitteln große Qualitätsunterschiede. Noch immer sind Präparate auf dem Markt, die chemische Verbindungen enthalten, die nicht einmal einem natürlichen Vitamin entsprechen. Und in vielen Produkten stecken kritische Zusatzstoffe, zum Beispiel Konservierungsmittel, die ungesund sind.

Auch die Hoffnung „Im besten Fall bringen sie was, schaden werden sie wohl nicht" erfüllt sich bei vielen Nahrungsergänzungsmitteln nicht. Einen echten Vitamin- oder Nährstoffmangel kann nur ein Arzt ermitteln. Besteht er tatsächlich, können die wenigsten frei verkäuflichen Produkte diesen ausgleichen. Dafür braucht es medizinische Dosen.

Dagegen kann die unkontrollierte Einnahme von Nahrungsergänzungsmitteln sogar zu Überdosierungen führen und für uns ebenso wichtige Spurenelemente und Mineralstoffe sogar blockieren, was dann zu einem echten Mangel führt.

Darum finden Sie auf den folgenden Seiten eine kleine Liste von Hauptnährstoffen (Makronährstoffe) und Mikronährstoffen wie Vitaminen, Mineralstoffen, Spurenelementen und sekundären Pflanzenstoffen, die uns guttun und die in natürlicher Form auf jeden Fall in den Gemüsen und Früchten stecken, die Sie in diesem Buch finden.

INHALTSSTOFFE VON A–Z

ANTHOCYANE

= sekundärer Pflanzenstoff (Flavonoid)

Diese Pflanzenfarbstoffe geben Früchten und Gemüsen ihre dunkelrote bis schwarze Farbe. Sie wirken entzündungshemmend und schmerzstillend, z.B. bei Rheuma- und Osteoporose-Beschwerden.

➤ Sie stecken z.B. in Holunderbeeren, schwarzen Johannisbeeren, Brombeeren und Blaubeeren.

APIGENIN

= sekundärer Pflanzenstoff (Flavonoid)

Dieser hellgelbe Pflanzenfarbstoff kann dabei helfen, dass sich im Gehirn neue Verbindungen zwischen den Nervenzellen bilden. Zudem ist er antioxidativ und entzündungshemmend und soll sogar das Wachstum von Krebszellen hemmen.

➤ Steckt z.B. in Sellerie und Petersilie.

ASPARAGUSINSÄURE

= schwefelhaltige Carbonsäure

Sie wirkt entwässernd. Das ist gut bei Herz-Kreislauf-Beschwerden oder Blasenentzündung.

➤ Sie steckt z.B. reichlich in Spargel.

BETA-CAROTIN

= sekundärer Pflanzenstoff (Carotinoid)

Vitamin A, auch „Beauty-Vitamin" genannt, schützt Augen und Haut und kommt nur in tierischen Lebensmitteln vor. Seine Vorstufe, das Provitamin A genannte Beta-Carotin allerdings steckt in vielen Gemüse- und Obstsorten. Damit der Körper es umwandeln kann, braucht es etwas Fett dazu.

➤ Steckt z.B. in Möhren, Fenchel, Grünkohl, Pak Choi, Kürbis, Lauch, Lauchzwiebeln, Süßkartoffeln.

BETANIN

= sekundärer Pflanzenstoff (Flavonoid)

Der kräftig rote Pflanzenfarbstoff wirkt antioxidativ, schütz unsere Zellen und stärkt das Immunsystem.

➤ Steckt reichlich in Roter Bete.

B-VITAMINE

= Gruppe von 8 wasserlöslichen Vitaminen

B-Vitamine sind in unserem Körper für zahlreiche Stoffwechselprozesse und für eine gute Funktion unseres Nervensystems zuständig. Außerdem unterstützen sie unsere Konzentrationsfähigkeit.

➤ Steckt z.B. reichlich in Vollkornprodukten (B1, B3, B5, B6), Brokkoli, Spargel (B2), Nüssen (B2, B3), Hülsenfrüchten (B3).

VITAMIN C

= wasserlösliches Vitamin

Vitamin C, auch als Ascorbinsäure bekannt, wirkt antioxidativ. Das bedeutet, es schützt unsere Zellen vor den Angriffen durch freie Radikale. Aber auch für den Aufbau unseres Bindegewebes und unsere körpereigene Produktion von Kollagen brauchen wir Vitamin C. Vitamin C fördert die Aufnahme von pflanzlichem Eisen.

➤ Steckt z.B. reichlich in Kohlgemüsen wie Blumenkohl, Brokkoli, Rosen- oder Grünkohl, in Tomaten und Paprika.

CHOLIN

= fettähnliche Substanz

Cholin braucht unser Gehirn, es hilft uns, schneller und komplexer denken zu können.

➤ Steckt z.B. reichlich in Walnüssen.

CUCURBITACIN

= natürlicher Bitterstoff

Es unterstützt in Maßen verzehrt unsere Nieren und unsere körpereigene Insulin-Produktion. **Achtung:** In höherer Dosierung ist Cucurbitacin giftig. Mehr dazu auf den Seiten 84 und 108.

➤ Steckt in wohltuendem Maß in Gurkenschale.

BITTERSTOFFE

bringen die Verdauung auf Touren

Von Niels Schulz-Ruhtenberg

Bitterstoffe, beispielsweise aus Gemüsen wie Rucola, Chicorée, aber auch Grünkohl, nehmen wir direkt auf der Zunge wahr. Es werden als Reaktion darauf Nervensignale an das gesamte Verdauungssystem gesendet. Alle Verdauungsorgane beginnen in der Folge mit der Produktion von Verdauungssäften wie Speichel, Magen- und Gallensaft. Dadurch wird die Verdauung insgesamt besser und unsere Leber hat es infolgedessen auch viel leichter.

Außerdem können wir mit bitteren Lebensmitteln unseren Geschmack umtrainieren. Viele Menschen haben eine Vorliebe für Süßes und essen viel zu viel Zucker. Alles Bittere nimmt uns zumindest für kurze Zeit das Verlangen nach Süßem. Gerade beim Fruchtzucker ist das wichtig. Denn wenn wir weniger Fruchtzucker essen, entlasten wir die Leber, die bei vielen Menschen gar nicht durch Alkohol, sondern durch zu viel Fruchtzucker verfettet ist.

VITAMIN D

= fettlösliches Vitamin

Vitamin D ist wichtig für die Stabilität unserer Knochen, weil es die Kalzium-Aufnahme fördert. Wir führen es nur in geringem Maße über unsere Nahrung zu. Den größten Teil liefert uns Mutter Sonne. Allerdings nur von Ostern bis Oktober, und dann auch nur in der der Zeit zwischen 10 und 15 Uhr. Daher ist Vitamin D das einzige Nahrungsergänzungsmittel, bei dem ein Pille sinnvoll ist – am besten nach ärztlicher Beratung.

➤ Pflanzliche Nahrung ist zur Deckung des Bedarfs im Winter ungeeignet. Fette Seefische wie Lachs und Hering liefern viel Vitamin D, alternativ auch Algenpräparate.

EISEN

= Spurenelement

Eisen brauchen wir für die Bildung neuer Blutkörperchen. Die sorgen dafür, dass all unsere Zellen gut mit Sauerstoff versorgt werden. Damit der Körper pflanzliches Eisen besser aufnehmen kann, muss es mit Vitamin C kombiniert werden.

➤ Steckt v.a. in Fleisch, aber z.B. auch in Roter Bete, Grünkohl, Kohlgemüsen und Hülsenfrüchten.

VITAMIN E

= fettlösliches Vitamin

Der Begriff umfasst eigentlich eine ganze Gruppe von „Zellschutzvitaminen“. Sie schützen unsere Zellen vor freien Radikalen und lindern Entzündungen.

➤ Steckt z.B. reichlich in Sellerie, Pak Choi, Kürbiskernöl, Walnüssen und Hanföl.

EIWEISS

ist unser Muskelfutter

Von Niels Schulz-Ruhtenberg

Eiweiß (Protein) ist der Baustoff unserer Muskeln und zählt neben Fetten und Kohlenhydraten zu den drei Hauptnährstoffen. Pro Tag und kg Körpergewicht brauchen wir mindestens 1 bis 1,2 g Protein (Senioren eher 1,5 g). Und speichern kann es unser Körper nicht. Am meisten Protein liefern uns Fleisch, Milchprodukte oder Eier. Doch selbst wer sich komplett ohne Tierisches ernährt, kann sich ausreichend mit pflanzlichem Eiweiß, beispielsweise aus Hülsenfrüchten, Nüssen oder Pilzen, versorgen.

FETT

macht nicht automatisch fett

Von Niels Schulz-Ruhtenberg

Die Annahme, Fett mache automatisch fett, ist längst überholt. Fett zählt zu den Hauptnährstoffen. Heute wissen wir, dass wir bestimmte Fette brauchen, um gesund zu leben. Und dass wir die gesunden von den ungesunden Fetten unterscheiden müssen.

Essenzielle Fette tragen die Gesundheit schon im Namen, denn „essenziell" bedeutet „lebensnotwendig". Lebenswichtig sind die mehrfach ungesättigten Fette Omega 3 und 6. Viel Omega 6 steckt unter anderem in Sonnenblumenöl, davon verzehren wir heute oft zu viel. Wichtiger ist Omega 3, unter anderem in Lein- und Rapsöl. Entscheidend sind die maritimen Omega-3-Fettsäuren aus Fisch oder Algenöl. Heutzutage brauchen viele Personen mehr Omega-3-Fettsäuren, auch als Schutz vor Entzündungen.

Einfach ungesättigte Fette können Blutdruck und Cholesterinspiegel senken und Entzündungen lindern. Quellen: Olivenöl, Samen, Nüsse, Avocados.

Gesättigten Fettsäuren: Manche können das Krankheitsrisiko steigern, andere gesättigte Fettsäuren haben schützende Effekte. Gesättigtes Fett steckt vor allem in tierischen Produkten. Auch gesättigtes Fett ist nicht automatisch schlecht. Unser Nervensystem braucht es als Botenstoff. In Kombination mit zu viel Zucker und ungesunden Kohlenhydraten kann sich der Insulinspiegel erhöhen. Und Insulin ist das Hormon, das den Fettabbau fördern kann.

Transfett entsteht, wenn ungesättigtes Fett stark erhitzt oder industriell gehärtet wird. Industrielle (es gibt auch gesunde natürliche Transfette) Transfette stecken in vielen Fertigprodukten, wie Chips, oder Süßigkeiten, und sind sehr ungesund. Denn sie haben einen ungünstigen Effekt auf den Blutfettstoffwechsel und können zu Herz-Kreislauf-Erkrankungen führen.

FOLSÄURE

= wasserlösliches Vitamin

Sie gehört zur Gruppe der B-Vitamine. Sie ist wichtig für alle Wachstumsprozesse im Körper, etwa die Zellteilung und Blutbildung, und auch für die Bildung von Glückshormonen.

➤ Steckt z.B. reichlich in Grünkohl, Brokkoli, Roter Bete, Spinat, Lauch, Blumenkohl, Rosenkohl, Hülsenfrüchten wie Erbsen und Erdbeeren.

FLAVONOIDE

sekundäre Pflanzenstoffe

Von Niels Schulz-Ruhtenberg

Dass wir Vitamine, Mineral- und Ballaststoffe brauchen, weiß mittlerweile wahrscheinlich jeder. Aber dass auch Flavonoide wichtig für uns sind, hat sich noch nicht so gut rumgesprochen. Flavonoide sind sekundäre Pflanzenstoffe, die vor allem in Gemüse und frischen Kräutern, aber auch in Obst vorkommen, und die uns besonders gut vor Krebs- und Herz-Kreislauf-Erkrankungen schützen können. Außerdem reduzieren sie unser Risiko für chronische Erkrankungen.

GAMMA-LINOLENSÄURE

= mehrfach ungesättigte Omega-6-Fettsäure

Sie wirkt entzündungshemmend und kann zum Beispiel bei Hauterkrankungen (Neurodermitis) helfen.

➤ Steckt z.B. reichlich in Hanföl.

GERBSTOFFE

= sekundäre Pflanzenstoffe (Polyphenole)

Pflanzliche Gerbstoffe, auch Tannine genannt, wirken adstringierend und antioxidativ, sie können Viren und Bakterien hemmen.

➤ Steckt z.B. in Sellerie und Holunderbeeren.

INULIN

= wasserlöslicher Ballaststoff

Inulin ist das Lieblingsessen unserer guten Darmbakterien (Probiotikum) und hilft dabei, unseren Blutzuckerspiegel konstant zu halten.

➤ Steckt z.B. reichlich in Topinambur, Lauch, Frühlingszwiebeln und Spargel.

KALIUM

= Mineralstoff / Elektrolyt

Kalium ist wichtig für unseren Wasserhaushalt, schützt vor Bluthochdruck und Nierensteinen. Und es ist notwendig für die Funktion aller Zellen, besonders die der Muskeln und Nerven. Zudem regelt es den Flüssigkeitshaushalt der Zellen.

➤ Steckt z.B. in Kartoffeln, Topinambur, Sellerie, Fenchel, Spargel, Zucchini, Kürbis, Beten, Hülsenfrüchten, Kohlgemüsen, Zwiebelgemüsen, Walnüssen und Quitten.

KALZIUM

= Mineralstoff

Ist der Mineralstoff, von dem wir am meisten benötigen. Denn Kalzium ist ein wichtiger Baustein für Knochen und Zähne. Aber auch unsere Nerven brauchen Kalzium für die Übermittlung von Impulsen. Außerdem senkt der Mineralstoff unseren Blutdruck.

➤ Steckt z.B. reichlich in Kohlgemüsen, Hülsenfrüchten, Erdbeeren und Spaghettikürbissen.

VITAMIN K

= fettlösliches Vitamin

Es ist wichtig für unsere Blutgerinnung, schützt vor Osteoporose und beugt Arterienverkalkung vor.

➤ Steckt z.B. in Kohlgemüsen und Lauch.

KUPFER

= Spurenelement

Kupfer schützt die Membranen unserer Zellen. Und wir brauchen es, um Eisen überhaupt aufnehmen zu können. Das ist wichtig für die Bildung roter Blutkörperchen und die Wundheilung.

➤ Steckt z.B. in Spargel, Hülsenfrüchten, Vollkornprodukten und Birnen.

LECITHIN

= vitaminähnliche Substanz (Lipidgemisch)

Lecithin braucht unser Gehirn. Es ist ein Baustein von Nervenzellen und allen Zellmembranen. Lecitin hilft uns beim schnellen Denken und Kombinieren.

➤ Steckt z.B. reichlich in Hanfsamen, Leinsamen und Vollkornprodukten.

LYCOPIN

= sekundärer Pflanzenstoff (Carotinoid)

Als Antioxidanz fängt dieser gelbe Pflanzenfarbstoff freie Radikale ab. Lycopin schützt unsere Arterien vor Verkalkung und unsere Haut vor schädlichen UV-Strahlen. Der Körper kann es nur in Verbindung mit Fett aufnehmen.

➤ Steckt z.B. reichlich in Tomaten (v.a. in gekochten), aber auch in Hagebutten, Kürbis und Aprikosen.

MAGNESIUM

= Mineralstoff

Es ist wichtig für Muskeln und Nerven. Ohne Magnesium könnten die Muskeln sich nie entspannen.

➤ Steckt z.B. in Kohlgemüsen, Erdbeeren, Spargel, Zucchini, Beten, Kartoffeln, Topinambur, Bohnen, Kürbis und Vollkornprodukten.

NITRAT

= Stickstoffverbindung

Über eine normale Ernährung kommt es so gut wie nie zu einem Mangel. Vorsicht: Bei einem Ungleichgewicht im Darm oder bei Säuglingen kann es schädlich sein (siehe auch Seite 30). In Maßen ist Nitrat wohltuend, weitet unsere Blutgefäße und fördert die Leistungsfähigkeit der Zellen.

➤ Steckt z.B. in Roter Bete und Fenchelsamen.

OMEGA-3- UND OMEGA-6-FETTSÄUREN

= mehrfach ungesättigte Fettsäuren

Sie sind gut für unseren Blutdruck, halten Zellen elastisch, schützen unser Herz und wirken lindernd bei Gelenkbeschwerden wie Arthrose und Rheuma.

➤ Steckt z.B. in Hanf, Walnüssen und Kürbiskernen.

PEKTIN

= wasserlöslicher Ballaststoff

Pektin legt sich schützend auf die Magen-Darm-Schleimhaut und regulieret den Blutzuckerspiegel. Es ernährt die Darmflora und kann den Fettstoffwechsel sowie Cholesterinwerte verbessern.

➤ Steckt z.B. in Äpfeln, Quitten und Möhren.

PEPTIDASEN

= Enzyme

Sie können Proteine spalten und machen so Fleisch leichter verdaulich. Außerdem wirken sie entzündungshemmend, das ist gut bei Rheuma und Gicht.

➤ Steckt z.B. in Gurken.

PHOSPHOR

= Mineralstoff (über die Nahrung als Phosphat)

Phosphor brauchen wir zum Aufbau unserer Zellwände. Vorsicht bei Nierenerkrankungen: Zu viel Phosphat schadet.

➤ Steckt z.B. in Blumenkohl, Birnen, Hülsenfrüchten, Nüssen, Zucchiniblüten und Spargel.

POLYPHENOLE

= sekundäre Pflanzenstoffe (viele Flavonoide)

Sie wirken als Antioxidantien, erhöhen beispielsweise die Fließgeschwindigkeit des Blutes (blutdruckregulierend), wirken zellschützend und entzündungshemmend.

➤ Steckt z.B. in Zwiebelgemüsen und Äpfeln.

SALICYLSÄURE

= chemischer Stoff

Salicylsäure kennen viele Menschen wahrscheinlich aus vielen Kosmetikprodukten, da Salicylsäure häufig bei Hautunreinheiten oder gegen Hornhaut empfohlen wird. Aber Salicylsäure kann man (in Maßen) auch essen, in Form von Erdbeeren zum Beispiel. Innerlich kann sie beispielsweise Gicht- und Rheuma-Beschwerden lindern.

➤ Steckt z.B. in Erdbeeren und Johannisbeeren.

SAMBUCYANIN

= sekundärer Pflanzenstoff (Flavonoid)

Der Pflanzenfarbstoff gibt unter anderem Holunderbeeren ihre tiefviolette Farbe. Im Menschen wirkt Sambucyanin entzündungshemmend und außerdem harntreibend.

➤ Steckt reichlich in Holunderbeeren.

SCHWEFEL

= Mineralstoff (Sulfide)

Schwefelverbindungen wirken keimtötend und antibakteriell und schützten vor Zellschäden.

➤ Steckt z.B. in Knoblauch, Zwiebeln, Lauch und Kohlgemüsen.

SELEN

= Spurenelement

Dieses essenzielle Spurenelement ist wichtig für unsere Schilddrüse und stärkt die Immunabwehr. Es unterstützt durch seine antioxidative Wirkung bei der Abwehr freier Radikale.

➤ Steckt z.B. in Weiß- und Spitzkohl.

SENFÖLE

= Senfölglycoside (Glucosinolate), z.B. Sulforaphan

Sie können Keime töten und Enzyme blockieren, die

Arthritis verursachen. Senföle lindern Entzündungen in Magen und Darm und regulieren den Blutzuckerspiegel. Sie reduzieren das Krebsrisiko und können sogar Tumor-Stammzellen bekämpfen.

➤ Steckt z.B. reichlich in Kohlgemüsen, Senf, Meerrettich, Kresse, Rettich und Radieschen.

ZINK

= Spurenelement

Zink ist unverzichtbar für unsere Wundheilung, die Immunabwehr und das Zellwachstum.

➤ Steckt z.B. in Bete, Kohl, Hanf, Nüssen, Hülsenfrüchten, Vollkornprodukten, Birnen und Quitten.

WAS HEISST GESUND ESSEN?

Von Prof. Andreas Michaelsen

Nie nebenbei oder in Eile

Unser größter Feind in Sachen Ernährung ist „Essen auf die Hand". Selbst der frischeste Salat oder das ausgewogenste Gemüsegericht bringen nur wenig bis nichts, wenn wir diese nicht in Ruhe genießen. Denn um alle Nährstoffe optimal verwerten zu können, braucht unser Körper Zeit. Außerdem gilt: Wer zu schnell isst, isst meist zu viel. Wer unregelmäßig oder nebenbei isst, setzt seinen Körper unter Stress. Und Stress, auch beim Essen, macht krank. Von Bluthochdruck über Magen-Darm-Probleme bis zu Depressionen – Stress ist bei vielen Zivilisationskrankheiten unserer Zeit oft mitverantwortlich.

Darum essen Sie achtsam! Wie das geht? Tun Sie bei Tisch beispielweise immer nur eines zur selben Zeit. Schneiden Sie nicht schon den nächsten Happen, während Sie noch kauen. Sondern legen Sie bei jedem Bissen das Besteck zur Seite. Beim Essen in Gesellschaft orientieren Sie sich am langsamsten Esser am Tisch. Nehmen Sie erst den nächsten Bissen, wenn auch er oder sie es tut. Und versuchen Sie gut und lange zu kauen, genießen Sie den Geschmack. Sie werden sehen – es wird Ihnen besser bekommen, und so manches Mal werden Sie ein wohliges Völlegefühl (etwa nach 15–20 Min.) haben, weit bevor der Teller leer ist. Dann hören Sie auf zu Essen. Denn ob morgen die Sonne scheint, sagt Ihnen nicht Ihr Teller, sondern der Wetterbericht.

Die Mär vom Entschlacken

Ohne Frage können Ablagerungen von Cholesterin unsere Arterien verstopfen, können Harnsäure-Kristalle in unseren Gelenken zu Gichterkrankungen führen. Auch Quecksilber aus Fisch, Arsen aus Reis und Feinstaub durch Luftverschmutzung sind schlecht für uns. Aber den menschlichen Körper mit einer Art Hochofen zu vergleichen, in dem sich Schlacken ablagern, ist wissenschaftlich falsch. Wir brauchen keine besonderen Detoxmittel, die uns von irgendwelchen Schlacken befreien.

Für alles, was raus muss, haben wir unsere körpereigene Müllabfuhr: unsere Leber, unsere Nieren, unsere Haut und unsere Lunge. Und alle Zellen haben einen besonderen Reinigungsmechanimus, die sogenannte Autophagie. Dabei werden alte Zellbestandteile abgebaut und recycelt. Diese natürliche „Entgiftung" können wir durch Sport, guten Schlaf, gelegentliche Fastenzeiten und vor allem durch gesunde Lebensmittel unterstützen. Viele davon finden Sie auf den kommenden Seiten. Aber spezielle Detoxkuren mit Nahrungsergänzungsmitteln sind unnötig und reine Geldverschwendung.

Unsere Lieblinge in der Küche

Geschmäcker sind bekanntlich verschieden, und so hat jeder seine eigenen Küchenlieblinge. Überraschenderweise wirken die Favoriten von Thomas auf den ersten Blick gesünder als die von Kaffeefan Madlen. Aber eben nur auf den ersten Blick!

MADLENS LIEBLINGE

FRISCHER INGWER

Bei mir beginnt jeder Tag mit einem großen Glas Ingwertee. Dafür nehme ich ein etwa daumengroßes Stück der frischen Knolle und reibe es sehr fein. In dünne Scheiben schneiden geht auch. Dann gieße ich den Ingwer mit heißem, nicht kochendem Wasser auf und lasse ihn 10 bis 15 Minuten ziehen. Abseihen und trinken. Mich macht dieser Tee wach und er bringt meinen Stoffwechsel in Schwung. Außerdem stärkt Ingwer unser Immunsystem. Denn in der gelben Knolle stecken viele Gingerole. Das sind Scharfstoffe, die antientzündlich und antibakteriell wirken. Ich bin mir sicher, dass ich dank meines täglichen Ingwertees so manch eine Erkältung im Keim ersticke.

KAFFEE

Ich liebe ihn und trinke viel Kaffee – wenigstens drei große Tassen pro Tag. Aber nur, wenn die Bohnen mindestens 17 Minuten geröstet wurden. Denn erst ab 8 Minuten löst sich die Gerbsäure aus den Bohnen. Gerbsäure schlägt mir, wie vielen anderen Menschen auch, auf den Magen. Eine möglichst lange Röstzeit macht Kaffee bekömmlicher. Und in Maßen ist er gesund. Sein Koffein verdrängt das müde machende Aenosin in unseren Nervenzellen. Außerdem fördert Kaffee die Produktion körpereigener Stimmungsaufheller. Vielleicht ist das der Grund dafür, dass ich fast immer gute Laune habe.

RADIESCHEN

Radieschen auf's Butterbrot, im Salat, zu Quark und manchmal auch einfach nur als Snack. In meinem Kühlschrank dürfen die roten Mini-Rettiche definitiv nicht fehlen. Denn sie haben kaum Kalorien (100 g haben gerade mal 14 kcal) aber dafür viel Folsäure, Kalium, Eisen und Senföle. Direkt nach dem Einkaufen schneide ich die Blätter ab und lagere Radieschen und Grün getrennt im Gemüsefach im Kühlschrank. Denn seit ich Thomas kenne, kommen die Blätter bei mir nicht mehr in den Müll sondern in den Salat.

THOMAS' LIEBLINGE

KARTOFFELN

Ich esse sehr gern Kartoffeln, darum habe ich sie immer zu Hause. Und zwar je nach Saison die Kartoffelsorte, die mir mein Bauer gerade empfiehlt. Im Winter mag ich die bunten Sorten (‚Rote Laura', ‚Blaue Eliese'), weil die einfach ein bisschen mehr Abwechslung auf den Teller bringen. Im Sommer mag ich mehlig kochende Kartoffeln, bis die neue Ernte kommt. Ganz wichtig: Kartoffeln, die vorrübergehend bei mir einziehen, müssen dreckig sein. Es muss noch gut Erde dran sein. So lege ich sie in einen Schuhkarton. Denn dann bleiben sie am längsten frisch.

ÄPFEL

Und zwar unterschiedliche Sorten für unterschiedliche Rezepte. Bei mir zu Hause gibt es keinen Industriezucker mehr. Um Gerichte zu süßen, kommt daher immer ein Apfel zum Einsatz. Süße und blumige Äpfel wie beispielsweise ‚Admiral' oder ‚Freya' nehme ich für Salat. Ein ‚Wellant' ist super für gekochte oder geschmorte Gerichte. Der ‚Boskoop' ist immer noch der beste Apfel für Apfelmus. Und einfach so zwischendurch mag ich den ‚Finkenwerder Herbstprinzen' besonders gerne.

MILCH UND JOGHURT AUF HAFERBASIS

Mir bekommt zu viel Kuhmilch nicht gut, darum habe ich immer Haferdrink und Haferjoghurt zu Hause. Damit esse ich morgens schon mein selbst gemachtes Müsli. Haferdrink geht super für Gemüsestampf oder für alle Pastasaucen. Und mit Haferjoghurt kann man sehr leckere Desserts und herzhafte Dips machen. Genau genommen kann man Haferdrink und Haferjoghurt genauso einsetzten wie die Kuhmilchprodukte, sie schmeckt nur ein bisschen süßer.

Thomas' Küchentricks

Bevor es losgeht mit den Rezepten, finden Sie auf dieser Doppelseite noch einige Basiszutaten und Tricks, die Thomas verwendet, um richtig viel Geschmack in seine Gerichte zu bringen und sie gleichzeitig möglichst gesund zu gestalten.

Gute Fette

Öl zum Braten

Am liebsten nehme ich raffiniertes Rapsöl, denn das ist sehr hoch erhitzbar (bis zu 300 °C) und hat außerdem gar keinen Eigengeschmack. Sonnenblumenöl geht aber auch gut zum Braten, wenn es raffiniert wurde. Erdnuss- oder Kokosöl verwende ich dagegen zum Braten nie, denn beide haben mir viel zu viel Eigengeschmack.

Salatöle

Auch Hanf-, Kürbiskern- und vor allem Leinöl sind super aromatisch, leicht zu dosieren und vielseitig einsetzbar in der kalten Küche. Es muss nicht immer nur Olivenöl für den Salat sein.

Die Flocke Butter

Zum Schluss ein kleines Stück Butter ins Gericht (z.B. zu Grünkernfrikadellen oder Pilzen aus der Pfanne) löst die Röststoffe vom Pfannenboden und sorgt für eine echte Geschmacksexplosion. Zum Anbraten eignet sich Butter weniger, weil sie nicht so hoch erhitzbar ist.

Voller Geschmack dank Vollfett

Magerquark und Halbfett-Joghurt sparen vielleicht ein wenig Kalorien, aber das ist es nicht wert, denn der Geschmack leidet extrem. Darum verwende ich nur Vollfett-Produkte. Man nimmt automatisch weniger, weil sie viel mehr Geschmack liefern und den Eigengeschmack einzelner Zutaten viel stärker unterstreichen. Zu Fett siehe auch Seite 19.

Gute Alternativen

Kochen mit Apfel- oder Möhrensaft

Statt Wasser nehme ich für viele Gerichte (z.B. mit Linsen, Bohnen, und Grünkern) viel lieber Möhren- oder Apfelsaft. So habe ich direkt eine liebliche Süße von den Möhren oder eine angenehme Säure vom Apfel im Gericht. Außerdem gibt es einen Grundgeschmack, der nicht so alltäglich ist. Das eignet sich übrigens auch als Ersatz für Weißwein.

Dinkel ist der bessere Weizen

Ich persönlich esse gar keinen Weizen mehr, sondern nur noch Dinkel. Der hat einen höheren Eiweißgehalt und, wenn man Vollkorn-Dinkel nimmt, auch mehr Ballaststoffe. Dinkel wird oft besser vertragen als Weizen. Und Dinkelbrot hält länger.

Clevere Garmethoden

Röstaromen & sanftes Garen

Die einfachste Garmethode ist, alles in die Pfanne geben, leicht anrösten, mit Weißwein oder Apfelsaft ablöschen, reduzieren lassen, aufgießen mit Gemüsebrühe oder -fond und kochen, bis alles gar ist.

Schale schützt

Egal welches Gemüse ich im Ofen gare – ich lass immer die Schale dran, denn die beschützt das Fruchtfleisch vor der Hitze, und so gehen viel weniger Nährstoff verloren. Außerdem karamellisiert der Fruchtzucker z.B. von Rüben unter der Schale, und das intensiviert den Geschmack. Die meisten Gemüseschalen kann man übrigens getrost mitessen, vorausgesetzt, man hat das Gemüse vorher gründlich gewaschen und mag den leicht herben, bitteren Geschmack. Wenn nicht, kann man jedes Gemüse auch problemlos nach dem Garen im Ofen noch schälen.

Alufolie ist der Tod im Glitzer-Outfit

Kommt Alufolie mit Säure, Salz oder Hitze in Kontakt, bekommt sie winzig kleine Risse, und das Aluminium geht in die Lebensmittel über, die zum Garen in der Folie eingepackt sind. Das ist sehr ungesund, denn Aluminium kann unsere Nervenzellen schädigen. Darum verwende ich ausschließlich Backpapier und nie Alufolie.

Geschmacksgeheimnisse

Reduzieren, reduzieren, reduzieren

Was viele Hobbyköche oft vergessen, ist das Reduzieren. Das heißt: Jeder Fond oder Saft, den ich in ein Gericht gebe, kann seinen wahren Geschmack erst entfalten, wenn er fast vollständig eingekocht ist. Darum immer schön reduzieren.

Gewürze zuerst anrösten

Pfeffer, aber auch Koriandersamen, Wacholderbeeren, Kreuzkümmel oder Fenchel, sollte man immer zuerst in die Pfanne (ohne Fett) geben. Kurz leicht anrösten, erst dann kommt das Gemüse dazu. Denn auf diese Weise entfalten Gewürze einen viel intensiveren Geschmack.

Meerrettich

Egal welches Gericht noch eine kleine scharfe Note braucht – ein bisschen frischen Meerrettich drunter geben, fertig. Beim Kauf sollte man darauf achten, dass die Wurzel auf keinen Fall gewaschen wurde. Sie sollte rundum noch mit etwas Erde „beschmutzt" sein. Meerrettich kann bis zu einem Jahr aufbewahrt werden, wenn man immer nur das Stück abschneidet und wäscht, das gerade benötigt wird. Beim Einkaufen auf plastikfreie, am besten unverpackte regionale Ware achten.

EINFACH GUTE GEMÜSE UND IHRE REZEPTE

Egal ob Apfel, Tomate, Rote Bete oder Romanesco – jedem unserer Gemüse wohnen echte Superkräfte in Form von Vitaminen, Spurenelementen, sekundären Pflanzenstoffen und Co. inne. In diesem Kapitel finden Sie unsere Lieblingsgemüse aus über sieben Jahren „Simpel mit Sampl“, gewürzt mit reichlich nützlichen Infos rund um die Inhaltsstoffe und die richtige Zubereitung – und natürlich verfeinert in Form von Thomas’ Rezepten.

BETEN

Egal ob Rote, Gelbe, Weiße oder Ringelbete – alle sind sie rundum gesund. Außerdem sind die vier Be(e)t-Schwestern sehr vielseitig in der Küche, leicht zuzubereiten und frisch einfach viel besser als die aus dem Glas.

FRISCH & REGIONAL:
Beten sind ein klassisches Wintergemüse. Rote Bete aus heimischem Anbau gibt es ab September bis ins Frühjahr.

SAMPLS LIEBLINGSSORTEN:
‚Rote Kugel', ‚Ägyptische Plattrunde' und ‚Cylindra'

DAS STECKT IN DEN BUNTEN KNOLLEN

Wertvolles pflanzliches **Eiweiß** und **reichlich Ballaststoffe** liefern alle Beten. Ebenso sind sie mit nur 45 kcal/100 g durchweg echte Schlankmacher. Alle Beten enthalten **Kalium, Magnesium und Zink**. Die gelben und weißen Knollen punkten mit besonders viel **Vitamin B und C**.

Am bekanntesten dürfte die Rote Bete sein. Die purpurnen Knollen enthalten viel **Betanin**, das ihnen ihre kräftig rote Farbe gibt. Dieser Pflanzenfarbstoff (Flavonoid, sekundärer Pflanzenstoff) schützt nicht nur die Bete vor Fressfeinden, sondern auch unsere Zellen vor freien Radikalen. Ebenfalls reichlich vorhanden sind **Folsäure und Eisen** für unsere roten Blutkörperchen. Pflanzliches Eisen wird besser zugänglich in Kombination mit Vitamin C, etwa aus Zitronen, Äpfeln oder Sauerkraut.

Bete ist reich an **Nitrat**. Bei Säuglingen mit ihrer noch unreifen Darmflora kann das schädlich sein. Bei Erwachsenen hingegen wird das Nitrat in Nitrit umgewandelt, und das entspannt die Blutgefäße, sodass kurzfristig ein zu hoher Blutdruck gesenkt werden kann. Am Langzeiteffekt wird noch geforscht. Außerdem steigert Nitrat die Leistungsfähigkeit von Muskelzellen.

QUALITÄTS-CHECK

Prall, glatt und mit saftigem Grün
Sehen die gesunden Knollen so aus, sind sie frisch. Greifen Sie lieber zu den bunten Sorten. Die schmecken meist süßer und nicht so erdig.

Nur die Frischen liefern echten Betegeschmack
Bei Roter Bete im Glas wird mit sehr viel Brandweinessig, Zucker und Aromen geschmacklich nachgeholfen. Vorgegarte und vakuumierte Bete ist meist stark gekocht, wodurch sie sehr weich wird. So wie konservierte oder eingeschweißte Bete schmeckt Rote Bete eigentlich gar nicht.

DIE BESTE ZUBEREITUNG

Die Schale schützt

Waschen Sie die Beten nur gründlich mit der Gemüsebürste und schieben Sie sie dann mit Schale in den Ofen, denn diese schützt das Fruchtfleisch. Beim Garen in Wasser verlieren die Knollen viele ihrer wertvollen Inhaltsstoffe. Außerdem karamellisiert beim Backen der Fruchtzucker unter der Schale leicht, und das verleiht dem Gemüse eine angenehme Süße.
Und beim Verarbeiten der Roten Bete schützen Sie Ihre Hände dann besser mit Einmalhandschuhen, da sie stark abfärben.

Kreuzkümmel gegen Kellermuff

Sobald die Bete-Knollen etwas größer werden, verändert sich ihr Aroma. Sie schmecken dann gern ein bisschen zu erdig und unangenehm muffig. Um den Geschmack zu lindern, hilft etwas Kreuzkümmel in den Gerichten. Der nimmt den Kellermuff und schmeckt außerdem selbst frisch und würzig.

DIE MENGE MACHT'S – OXALSÄURE

Übertreiben darf man es vor allem mit der Roten Bete nicht, denn die enthält am meisten Oxalsäure. Zu viel davon kann zu Nierensteinen führen. Also besser nicht täglich eine große Portion davon essen und on top auch noch Rote-Bete-Saft trinken.

ROTE-BETE-SAFT

FÜR 2 PERSONEN

500 g Rote Beten
100 ml Sauerkrautsaft

1 Die Roten Beten mit der Gemüsebürste gründlich waschen, trocken tupfen und in eine Auflaufform legen. Im auf 180 °C (Ober-/Unterhitze) vorgeheizten Ofen auf der mittleren Schiene etwa 50 Minuten backen.

2 Dann herausnehmen, leicht abkühlen lassen und wie Pellkartoffeln schälen (Achtung, die Knollen färben stark ab!).

3 Die geschälten Beten mit dem Sauerkrautsaft in den Mixer geben und fein pürieren. Möglichst sofort trinken.

GELBE UND WEISSE OFENBETE
MIT FENCHEL UND RINGELBETESALAT

FÜR 2 PERSONEN

Nährwerte pro Portion:
ca. 385 kcal, 6 g EW, 26 g F, 25 g KH, 12 g BST

Zutaten
300 g Gelbe Bete
300 g Weiße Bete
¼ TL gemahlener Kümmel
2 Lorbeerblätter
3 Pimentkörner
1 TL ganzer Kreuzkümmel
Salz, Pfeffer aus der Mühle
150 ml Sauerkrautsaft
50 ml Hanföl
¼ Fenchelknolle
2 Ringelbeten
1 EL Apfelessig
1 kleine Schalotte
3 Stängel Petersilie

1 Den Backofen auf 180 °C (Umluft) vorheizen. Die Gelben und Weißen Beten waschen, putzen und nebeneinander in eine Auflaufform setzen. Die Beten mit Kümmel würzen und im Ofen auf der mittleren Schiene etwa 55 Minuten garen. Sie sind fertig, wenn man mit einer Gabel leicht hineinstechen kann. Die Beten herausnehmen und abkühlen lassen, dann schälen und in mundgerechte Stücke schneiden. Den Backofen nicht ausschalten!

2 Die Betestücke auf einem mit Backpapier belegten Backblech verteilen. Lorbeer, Piment und Kreuzkümmel im Mörser fein zerstoßen und mit Salz und Pfeffer mischen. Den Mix mit etwas Sauerkrautsaft sowie 3 EL Hanföl auf die Betestücke geben.

3 Die Fenchelknolle waschen, putzen und in dünne Scheiben schneiden. Den Fenchel ebenfalls auf das Blech geben. Alles gut mischen und im Ofen noch etwa 10 Minuten garen. Herausnehmen und abkühlen lassen.

4 Währenddessen die Ringelbeten waschen, putzen und in feine Scheiben schneiden. Mit Salz und Pfeffer würzen sowie mit Essig und dem übrigen Hanföl beträufeln.

5 Die Schalotte schälen und fein würfeln. Die Petersilie waschen, trocken tupfen und die Blätter abzupfen. Beides über die Ringelbetenscheiben geben und den Salat kurz ziehen lassen. Zum Servieren Gelbe und Weiße Beten, Fenchel und Ringelbetesalat mischen und auf Tellern anrichten.

Tipp

In guter Gesellschaft
Der Sauerkrautsaft in diesem Gericht steuert übrigens reichlich Vitamin C bei, das die Aufnahme von pflanzlichem Eisen aus den Beten unterstützt (siehe dazu auch Seite 30). Die Ofenbete schmeckt hervorragend zu Fisch.

ROTE-BETE-SUPPE
MIT MEERRETTICH UND DISTELÖL

FÜR 4 PERSONEN

Nährwerte pro Portion:
ca. 450 kcal, 3 g EW, 14 g F,
21 g KH, 4 g BST

Zutaten

Für die Suppe
1 Schalotte
1 Knoblauchzehe
900 g Rote Beten
1 Apfel
3 festkochende Kartoffeln (à ca. 100 g)
70 g braune Butter (siehe Tipp)
½ TL ganzer Kreuzkümmel
½ TL ganzer Kümmel
5 Pimentkörner
200 ml Apfelessig
200 ml Apfelsaft
1 l Gemüsebrühe
Salz, Pfeffer aus der Mühle
4 EL saure Sahne

Außerdem
1 EL frisch geriebener Meerrettich
1 EL Distelöl
100 ml Apfelsaft

1 Für die Suppe Schalotte und Knoblauch schälen und in feine Würfel schneiden. Die Roten Beten putzen, schälen und in Würfel schneiden (Achtung, die Knollen färben stark ab!). Dabei einen kleinen Teil (ca. 2 EL) für die Einlage beiseitelegen. Den Apfel waschen, vierteln, entkernen und in kleine Würfel schneiden. Die Kartoffeln schälen und in kleine Würfel schneiden.

2 Schalotte und Knoblauch in einem Topf in der braunen Butter anschwitzen. Rote Bete, Apfel und Kartoffeln dazugeben und ebenfalls anbraten, mit Kreuzkümmel, Kümmel und Piment würzen. Dann alles mit Essig und Apfelsaft ablöschen und mit so viel Brühe auffüllen, dass alle Zutaten mit Flüssigkeit bedeckt sind. Mit Salz und Pfeffer würzen. Die Suppe offen bei schwacher Hitze etwa 1 Stunde köcheln – nicht kochen! – lassen.

3 Anschließend die Suppe im Topf mit dem Stabmixer fein pürieren, dazu vorher die Pimentkörner wieder entfernen. Wer mag, kann die Suppe auch noch durch ein Sieb passieren.

4 Währenddessen die beiseitegelegten Rote-Bete-Würfel mit Meerrettich, Distelöl und Apfelsaft gut mischen und mit Salz und Pfeffer würzen, kurz ziehen lassen. Zum Servieren die Suppe auf tiefe Teller oder Schalen verteilen und jeweils 1 gehäuften EL Meerettich-Bete-Mix sowie 1 Klecks saure Sahne daraufsetzen.

Tipp

Braune Butter
Hochwertige Sauerrahmbutter in einer Pfanne bei mittlerer Hitze so lange köcheln lassen, bis sie etwas bräunt. Durch dieses Karamellisieren des Milchzuckers und Rösten der Eiweißbestandteile schmeckt die Butter wunderbar nussig. Sie eignet sich zum Verfeinern vieler Gerichte.

GRÜNKOHL

Von deftiger Hausmannskost zum Superfood. Grünkohl hat eine steile Karriere in der Gesundheitsbranche hingelegt. Denn kein anderes Wintergemüse gilt als so gesund wie der an eine kleine Palme erinnernde Kohl mit den krausen Blättern.

FRISCH & REGIONAL:
Grünkohl ist ein klassisches Wintergemüse. Es gibt ihn aus heimischem Anbau nach dem ersten Frost ab Oktober/November bis Anfang März.

SAMPLS LIEBLINGSSORTEN:
Friesischer Palmkohl, Federkohl, ‚Lerchenzunge'

GESUND, GESÜNDER – GRÜNKOHL

In einigen Regionen Norddeutschlands wird Grünkohl übrigens Friesenpalme genannt, weil er mit seinem kräftigen, langen Stiel, an dem die Blätter wachsen, tatsächlich aussieht wie eine kleine Palme. Nicht nur optisch ist er etwas ganz Besonderes: Grünkohl liefert uns reichlich **Vitamin A und C**, das wichtig für unsere Augen (Vitamin A) und die Abwehrkräfte (Vitamin C) ist. Außerdem viel hochwertiges pflanzliches **Eiweiß** und auch reichlich **Eisen**, das unverzichtbar für unser Blut ist. Pflanzliches Eisen wird in Kombination mit Vitamin C, zum Beispiel aus Zitronen, Äpfeln oder Sauerkraut, besser zugänglich. Zudem ist das wenige Fett, das im Grünkohl vorhanden ist, auch noch sehr gesund, da es viele **mehrfach ungesättigte Fettsäuren** enthält.

Zudem enthalten 100 g Grünkohl genauso viel **Kalzium** wie ein Glas Milch (200 ml). Das ist gut für unsere Muskeln und Nerven. Auch nicht zu unterschätzen ist der **Vitamin-K**-Gehalt im Grünkohl, der unsere Knochen und Gefäße stärkt.

Vor allem aber stecken in Grünkohl sehr viele **Antioxidantien (Flavonoide)**, die unsere Zellen vor Angriffen durch freie Radikale

QUALITÄTS-CHECK

Immer ganze Wedel kaufen
Vorgewaschen und geschnitten abgepackt hat Grünkohl schon viele Geschmacksstoffe verloren, weswegen man immer ganze Wedel kaufen sollte. Die Blätter sollten knallig dunkelgrün sein, die Anschnittstellen dürfen nicht angetrocknet sein.

Bunte Sortenvielfalt
Es lohnt sich, auch einmal auf Märkten nach besonderen Sorten zu suchen und beispielsweise hellgrünen oder lila Grünkohl auszuprobieren. Das Auge isst schließlich mit.

schützen können. Grünkohl enthält, wie alle Kohlsorten, reichlich wertvolle **Senfölglycosate (Glucosinolate)**, das sind sekundäre Pflanzenstoffe, die Kreuzblütengewächsen wie Kohl und Rettich ihren charakteristischen scharfen und bitteren Geschmack geben. Sie dienen der Pflanze zur Abwehr von Feinden und Erregern, und können auch beim Menschen helfen, denn sie wirken antioxidativ, antientzündlich und antimikrobiell. Sie werden beim Zerschneiden oder Kauen von rohem Kohl unter anderem in Sulforaphan umgewandelt, das eine krebsvorbeugende Wirkung haben soll (siehe dazu auch Seite 22, 40/41).

DIE BESTE ZUBEREITUNG

Massieren macht Grünkohl mürbe

Grünkohl hat eine sehr feste Struktur. Aber die kann man durch eine Marinaden-Massage (siehe Tipp rechts und Rezept Seite 39) aufbrechen. Denn am meisten gute Inhaltsstoffe hat Grünkohl roh. Vitamin C ist sehr hitzeempfindlich. Würden wir den Grünkohl klassisch lange kochen, ginge davon ein Großteil verloren. Die Grünkohlblätter werden dazu so lange mit Öl massiert, bis man in den Fingern spürt, dass der Druck nachgibt, also die Blätter samtig weich geworden sind. Aber Vorsicht: Auch nicht zu fest oder zu lange massieren, sonst wird der Grünkohl matschig.

Auch ganz apart als Salat

Statt im Winter irgendeine Import-Salatmischung zu kaufen, nehmen Sie lieber frisch geernteten Grünkohl. Gründlich massiert kann man den auch super als grünen Salat reichen.

MASSAGE IS(S)T GESUND

Die Massage sorgt dafür, dass die im Grünkohl enthaltenen Vitamine A und C für uns verwertbar werden beziehungsweis erhalten bleiben. Denn um Vitamin A aufnehmen zu können, braucht der Körper immer etwas Fett, welches das „Massageöl" liefert. Außerdem werden durch das Kneten die Zellstrukturen aufgebrochen, das macht Grünkohl und andere Sorten als Rohkost leichter verdaulich.

PALMKOHL – EINE GUTE ALTERNATIVE

Friesischer Palmkohl, eine alte Kohlsorte, ist eine gute Alternative für alle, die Grünkohl nicht so mögen: Denn er schmeckt feiner und weniger bitter und hat zartere Blätter. Er enthält **Vitamin A** für Haut und Augen, **Vitamin C** für starke Abwehrkräfte, **Kalzium** und **Vitamin K** für Knochen und **Vitamin B** für den Stoffwechsel.

ROMANESCO

In der Küche lässt er sich wie Blumenkohl verwenden. Und mit seinen leuchtend grünen, spitzen Röschen ist der schicke Bruder des Blumenkohls definitiv auch etwas fürs Auge. Es steckt aber noch viel mehr in ihm.

HÜBSCHER UND GESÜNDER

So könnte man den grünen Türmchen-Kohl im Vergleich zum Blumenkohl (siehe Seite 142) beschreiben. Er enthält viel **Folsäure** und deutlich mehr **Vitamin C** (65 mg/100 g) als Blumenkohl. Mit 150 g können wir unseren durchschnittlichen Tagesbedarf an Vitamin C fast komplett decken.

In 100 g Romanesco stecken gut 280 mg **Kalium**, welches Zellen, Nerven und Muskeln brauchen, um zu funktionieren. Das sorgt nicht nur dafür, dass unser Herz schön im Takt bleibt, sondern entlastet es auch. Gesunde Nieren werden durch den Kaliumgehalt wohltuend angeregt, wodurch überschüssiges Wasser schneller ausgeschieden wird.

Wie alle Kohlgewächse enthält er reichlich **Senfölglycoside,** die uns vielfältig guttun (siehe auch Seite 22, 36/37, 40/41).

FRISCH & REGIONAL:
Zwischen Juni und Oktober bekommen Sie frischen Romanesco aus heimischem Anbau.

ÄHNLICHE GEMÜSE:
Blumenkohl (Seite 142), Brokkoli

QUALITÄTS-CHECK

Die Blätter sind entscheidend
Die äußeren Blätter, also die Hülle des Romanescos, sollten beim Kauf noch dran sein und schön knackig grün aussehen. Sind die Blätter dagegen schon welk oder sogar leicht gelb verfärbt, wird der Kohlkopf eher muffig schmecken und hat außerdem die meisten Inhaltsstoffe bereits verloren. Den sollten Sie nicht mehr kaufen.

Mehr Geschmack, weniger Gestank: Romanesco hat mehr Aroma, „kohlt" aber lange nicht so aufdringlich wie Blumenkohl. Er enthält zudem weniger Blähstoffe, ist also für Menschen, die mit Blumenkohl Probleme haben, eine gute Alternative.

DIE BESTE ZUBEREITUNG

Lieber gleich auf den Teller
In ein feuchtes Tuch gewickelt hält sich Romanesco bis zu 7 Tage im Kühlschrank. Allerdings sollten Sie ihn nicht so lange aufbewahren, denn mit jedem Tag leidet der Geschmack.

Hat er noch Biss, ist er am besten
Um seinen intensiven Geschmack und das Vitamin C zu erhalten, sollten Sie Romanesco nicht lange garen.

MASSIERTER GRÜNKOHL
MIT ROMANESCO, QUITTEN UND BUCHWEIZEN

FÜR 2 PERSONEN

Nährwerte pro Portion:
ca. 350 kcal, 11 g EW, 17 g F, 28 g KH, 17 g BST

Zutaten
½ Romanesco
½ Apfel
½ Quitte
1 EL Öl zum Braten
2 EL Buchweizen
Salz, Pfeffer aus der Mühle
frisch geriebene Muskatnuss
300 g Grünkohl
2 EL Apfelessig
2 EL Apfelsaft
Saft von ½ Zitrone
20 ml Distelöl

1 Den Romanesco waschen, putzen und in Röschen teilen. Den Apfel waschen, halbieren, entkernen und klein würfeln. Die Quittenhälfte gründlich waschen, schälen und vierteln. Stiel- und Blütenansätze sowie Kerngehäuse herausschneiden. Dann die Quittenviertel ebenfalls würfeln.

2 Den Romanesco in einer Pfanne im Öl anbraten. Apfel- und Quittenwürfel hinzufügen und so lange weich garen, bis leichte Röstaromen entstanden sind. Den Buchweizen dazugeben und etwa 3 Minuten mitgaren. Mit Salz, Pfeffer und Muskatnuss würzen, vom Herd nehmen und abkühlen lassen.

3 Währenddessen den Grünkohl gründlich waschen, trocken schleudern und in mundgerechte Stücke zupfen, dabei harte Blattrippen entfernen. Essig, Apfelsaft, Zitronensaft, Distelöl sowie Salz und Pfeffer mischen und in einer Schüssel über den Grünkohl gießen. Den Kohl mit den Händen beherzt so lange kneten (massieren), bis die Blätter sich weich anfühlen. Zum Servieren die Romanesco-Quitten-Mischung und Buchweizen lauwarm unter den Grünkohl heben und auf Tellern anrichten.

WEISS- & SPITZKOHL

Zwei helle Köpfe für die Herbst- und Winterküche. Und das nicht nur wegen ihrer Farbe. Die beiden sind sehr gesund und zu Unrecht als schwer verdauliche Hausmannskost verrufen. Richtig zubereitet sind sie sehr bekömmlich – und herrlich vielseitig.

FRISCH & REGIONAL:
Kohl ist ein klassisches Herbst- und Wintergemüse. Ab September gibt es frisch geernteten heimischen Kohl, gelagert bis in den April.

ÄHNLICHE GEMÜSE:
Die Inhaltsstoffe von Rotkohl und Weißkohl sind nahezu identisch. Rotkohl hat außerdem besonders viel Vitamin K.

VIELSEITIGE VITAMIN C-BOMBEN

Sowohl Weiß- als auch Spitzkohl liefern **reichlich Ballaststoffe, wenig Kalorien**, aber viel hochwertiges **Eiweiß** und reichlich **Vitamin C**. Doppelt so viel wie Zitronen sogar. Schon 100 g versorgen uns mit einer Tagesration! Deshalb wurde Weißkohl, als Sauerkraut haltbar gemacht, für lange Schiffsreisen eingelagert und über Monate verzehrt, um die Seefahrer vor Skorbut zu schützen. Das Vitamin C ist gut für unsere Abwehrkräfte und unterstützt außerdem die Aufnahme von Eisen aus pflanzlichen Lebensmitteln. Die Ballaststoffe in Kohlgemüsen fördern unsere Verdauung, regulieren den Cholesterinspiegel, machen schön satt und fördern die Darmflora.

Außerdem enthalten Weiß- und Spitzkohl reichlich antioxidativ wirkende **sekundäre Pflanzenstoffe (Flavonoide)**, welche unsere Zellen vor Angriffen freier Radikale schützen. Dadurch werden Entzündungen und Thrombosen vorgebeugt. Besonders sind bei Kohlgemüsen die **Senfölglycoside (Glucosinolate)**, speziell **Sulforaphan**, zu nennen. Senföle können Entzündungen lindern. Es gibt mittlerweile auch zahlreiche anerkannte

QUALITÄTS-CHECK

Klein und geschlossen sollten sie sein

Beim Weiß- und Spitzkohl ist es wichtig, dass der Kohlkopf richtig geschlossen ist und die äußeren Blätter ganz eng anliegen. Außerdem gilt: je kleiner, desto feiner. Also lieber einen kleinen ganzen Kohlkopf als einen großen halben kaufen.

wissenschaftliche Studien, die gezeigt haben, dass Senföle von Kreuzblütengewächsen wie Weiß- und Spitzkohl nicht nur unser Risiko an Krebs zu erkranken reduzieren, sondern sogar Tumor-Stammzellen bekämpfen können. Siehe dazu auch Seite 22.

Beide Kohlsorten enthalten reichlich **Magnesium** und **Kalium** und außerdem auch **Selen**: Selen ist ein wichtiges Spurenelement, dass unter anderem unsere Schilddrüse benötigt. Zudem sorgt es dafür, dass unsere Haare und Nägel kräftig bleiben. Außerdem enthalten Weiß- und Spitzkohl reichlich **Zink**, das sehr wichtig für die Wundheilung ist.

DIE BESTE ZUBEREITUNG

Gekocht ist er bekömmlicher

Weißkohl kann roh schwer im Magen liegen und Bauchschmerzen verursachen. Spitzkohl schmeckt sehr nussig und ist wesentlich feiner von der Blattstruktur als Weißkohl. Er ist dadurch sogar roh bekömmlicher. Die gute Nachricht: Beim Kochen bleiben die Mineralstoffe und Spurenelemente erhalten. Wir bereiten gern Spitzkohl zu, weil er innerhalb von 5 Minuten fertig ist. Weißkohl braucht dagegen meistens 15 bis 20 Minuten, und das reicht auch nur mit wirklich voller Power.

Roh bitte gut massieren

Roh ist Spitzkohl die bessere Wahl. Egal ob Spitz- oder Weißkohl – soll er roh auf den Teller, muss er sehr fein geschnitten und anschließend ähnlich wie Grünkohl (siehe Tipp Seite 37) gut „massiert" werden. Das macht ihn leichter verdaulich.

BEKÖMMLICHKEIT

Spitzkohl hat übrigens etwas weniger blähende Stoffe als Weißkohl. Bei allen Kohlsorten gilt: Gewürze wie Kümmel, Fenchel und Anis, in den Gerichten oder als Tee, schmecken lecker und lindern die „Nebenwirkungen".

ROH IST NICHT IMMER GESÜNDER

Kochen kann von Vorteil sein

Beim Kochen geht zwar einiges an Vitamin C verloren, aber beide Kohlsorten sind gegart verträglicher als roh. Und selbst wenn man ihn nur kurz blanchiert, ist Kohl gegart in mancher Hinsicht auch gesünder: Denn gekochte Kohlstückchen nehmen im Darm mehr Gallensäure und damit auch Cholesterin auf, das auf diese Weise ausgeschieden wird.

Sauerkraut

Die Milchsäuregärung macht den Kohl nicht nur haltbar. Die Vitamine bleiben dabei erhalten. Und die Milchsäurebakterien sind auch eine große Wohltat für unseren Bauch. Fermentierte Lebensmittel sorgen für eine erhöhte Vielfalt der Darmflora.

SPITZKOHLROULADEN
MIT WEISSKOHL, KÜRBIS UND BIRNE

FÜR 2 PERSONEN

Nährwerte pro Portion:
ca. 815 kcal, 18 g EW, 59 g F, 33 g KH, 18 g BST

Zutaten

1 kleiner Weißkohl
250 g Kürbis (z. B. Butternuss)
1 große Birne
¼ Gemüsezwiebel
150 g Speck
½ EL ganzer Kümmel
150 ml Weißwein
400 ml Gemüsebrühe
Salz, Pfeffer aus der Mühle
1 großer Spitzkohl
1 Knoblauchzehe
1 EL Butter

1 Vom Weißkohl die äußeren Blätter entfernen, dann den Kohl vierteln und den harten Strunk entfernen. Den Kohl in feine Streifen schneiden. Den Kürbis ggf. schälen, entkernen und etwa ½ cm klein würfeln. Die Birne waschen, vierteln, entkernen und klein würfeln. Die Zwiebel schälen und fein würfeln.

2 Den Speck in Würfel schneiden und in einer heißen Pfanne auslassen. Dann die Weißkohlstreifen dazugeben und leicht bräunlich braten. Mit etwas Kümmel würzen. Kürbis, Birne und Zwiebel zum Weißkohl geben und alles noch etwa 10 Minuten schmoren. Dann mit Weißwein ablöschen, die Brühe dazugeben und alles mit Salz und Pfeffer würzen.

3 Währenddessen den Backofen auf 180 °C (Ober-/Unterhitze) vorheizen. Auch vom Spitzkohl die äußeren Blätter entfernen. Dann 4 schöne Blattschichten ablösen und in kaltes Wasser legen (den Rest anderweitig verwenden). Die Spitzkohlblätter kurz in kochendes Salzwasser und dann wieder in kaltes Wasser tauchen. Dann nebeneinander auf der Arbeitsfläche auslegen, jeweils mit einem Viertel der Weißkohl-Mischung füllen und wie eine Rouladen kompakt aufrollen. Mit Küchengarn fixieren und nebeneinander in eine Auflaufform setzen.

4 Den Knoblauch schälen und fein würfeln. In einer Pfanne in der Butter bräunen und die Kohlrouladen damit bestreichen. Die Rouladen im Ofen auf der mittleren Schiene etwa 15 Minuten garen. Herausnehmen und vor dem Servieren kurz abkühlen lassen. Dazu passen Kartoffelpüree oder Schnittlauchkartoffeln.

Tipp

Spitzkohl für die Füllung
Spitzkohl ist wesentlich feiner von der Blattstruktur als Weißkohl, und deshalb bekömmlicher. Wer eine empfindliche Verdauung hat, verwendet für die Rouladenfüllung lieber Spitzkohl (es bleibt ja ohnehin etwas übrig). Diesen dann aber nur kurz anbraten und nicht lange in der Pfanne schmoren lassen.

ROSENKOHL

Die tapferste Rose Nordeuropas. Wenn alle anderen Gemüsesorten längst Winterschlaf halten, trotzen die Rosenkohlknospen selbst Eis und Schnee. Die „Kohlsprossen" stehen ihren großen Verwandten in nichts nach.

FRISCH & REGIONAL:
Rosenkohl ist ein typisches Wintergemüse.
Rosenkohl aus heimischem Anbau gibt es von September bis März. Nach dem ersten Frost ab November schmeckt er besonders süß.

MINI-KOHL MIT GROSSEN KRÄFTEN

Leider mögen viele Menschen die grünen Röschen nicht besonders, weil sie oft etwas bitter schmecken. Das ist schade, denn sie sind unter anderem genau deshalb sehr gesund.

Keine andere Kohlsorte außer Brokkoli hat so viel **Vitamin C** wie Rosenkohl. In 100 g stecken 115 mg davon, also fast eine Tagesration. Außerdem enthält Rosenkohl viel **Folsäure**, die wichtig für unsere Zellen ist, und **Eisen**, das unsere roten Blutkörperchen brauchen. Zudem ist das **Zink** im Rosenkohl gut für Haut und Haare, und dank seines **Kaliumgehalts** stimuliert er die Nieren und damit die Entwässerung.

Der leicht bittere Geschmack kommt von den für Kohlgemüse typischen **Senfölglycosiden** (siehe Seite 22, 37, 40/41), die vor allem im Strunk der Röschen stecken. Diesen herauszuschneiden, ist eigentlich zu schade, denn die antioxidativen und immunmodulierenden Senföle sind besonders gut für uns. Diese sekundären Pflanzenstoffe können Entzündungen lindern und Enzyme im Körper blockieren, die Arthritis verursachen.

QUALITÄTS-CHECK

Lieber lose Rosen kaufen
Wenn Sie Rosenkohl kaufen, nehmen Sie bitte nur kleine Mengen, denn er ist eigentlich nur 4 Tage haltbar. Gucken Sie sich jedes Röschen einzeln an und suchen Sie sich nur die kleinen aus, denn Rosenkohl wächst am Anfang relativ blättrig. Je älter er wird, desto kompakter werden die Röschen und desto kohliger und bitterer wird der Geschmack.

Unter allen Kohlsorten liefert Rosenkohl zwar die meisten Kalorien, aber „zum Ausgleich" helfen die reichlich enthaltenen **Ballaststoffe**, unseren Cholesterinspiegel zu regulieren. Und sie können Magen und Darm dabei unterstützen, Fett besser aufzuspalten. Das setzt dann nicht so schnell an. Außerdem nimmt Bitteres die Lust auf Süßes. Nach einer Portion Rosenkohl haben die meisten Menschen aufgrund der enthaltenen Bitterstoffe keine Lust mehr auf einen süßen Nachtisch.

Wer unter Gicht leidet, sollte auf Rosenkohl allerdings eher verzichten, da er einen hohen **Puringehalt** aufweist.

BEKÖMMLICHKEIT

Rosenkohl ist – wie Kohl allgemein – eine Herausforderung für unsere Verdauung. Zu viel davon kann zu Bauchschmerzen führen. Etwas Kümmel ins Gericht oder ein Fenchel-, Anis oder Kümmeltee vor dem Essen helfen dabei, Rosenkohl besser zu vertragen.

DIE BESTE ZUBEREITUNG

Der richtige Zuschnitt macht ihn milde

Wem Rosenkohl zu scharf oder zu bitter schmeckt, der kann sich die Mühe machen, den Strunk bei jedem einzelnen Röschen herauszuschneiden. Das ist zwar viel Arbeit, aber bitter schmeckt danach kein Blatt mehr – versprochen. Oder aber gleich nur Rosenkohlblätter kaufen. Allerdings stecken im Strunk viele gute Inhaltsstoffe! Bleibt der Strunk dran und sollen die Röschen im Ganzen zubereitet werden, schneidet man den Strunk kreuzweise ein, dann gart er gleichmäßiger.

Die Rose geht auch roh

Wer statt Grünkohl mal was anderes für einen Smoothie ausprobieren will, kann Rosenkohl nehmen. 1 kleines oder ½ größeres Röschen – gemischt mit anderen Zutaten – reicht aber völlig aus. Die Blätter schmecken auch als winterlicher Salat köstlich.

ROSENKOHLPÜREE
MIT SPECK UND PILZEN

FÜR 4 PERSONEN ALS BEILAGE

Nährwerte pro Portion:
ca. 290 kcal, 7 g EW, 26 g F,
5 g KH, 5 g BST

Zutaten
100 g grüner Speck
1 Zwiebel
100 g Champignons
500 g Rosenkohl
½ Bund Petersilie
½ TL ganzer Kümmel
300 ml Gemüse- oder Hühnerbrühe
Salz, Pfeffer aus der Mühle
1 EL Butter

1 Den Speck ggf. von der Schwarte trennen und in kleine Würfel schneiden. Die Zwiebel schälen und fein würfeln. Die Pilze putzen, falls nötig, trocken abreiben und in Scheiben schneiden.

2 Den Rosenkohl putzen und die äußeren Blätter entfernen. Den Rosenkohl waschen und vierteln. Die Petersilie waschen, trocken tupfen und die Blätter abzupfen. Die Stängel anderweitig verwenden (zum Beispiel für einen Fond oder ähnliches).

3 Die Speckwürfel in einem Topf bei mittlerer Hitze auslassen. Zwiebel und Kümmel hinzufügen und glasig anschwitzen. Die Pilze dazugeben und mitgaren. Zuletzt den Rosenkohl hinzufügen und einige Minuten anschwitzen.

4 Alles mit der Brühe aufgießen und offen noch etwa 25 Minuten köcheln lassen. Die Brühe sollte dann fast vollständig eingekocht sein und das Gemüse nur noch wenig Biss besitzen.

5 Den Rosenkohl mit Salz und Pfeffer würzen. Alles in den Mixer geben, die Petersilie hinzufügen und alles fein pürieren. Zum Abschmecken die Butter untermischen. Das Püree passt perfekt zu Wild, hellem Geflügel und gebratenem Fisch.

Tipp

Vegetarische Variante
Wer das Püree fleischfrei zubereiten möchte, ersetzt den Speck durch weitere 100 g Champignons und verwendet Gemüsebrühe.

ROSENKOHLBLÄTTER
MIT KÜRBISWÜRFELN

FÜR 4 PERSONEN ALS BEILAGE

Nährwerte pro Portion:
ca. 120 kcal, 6 g EW, 4 g F, 11 g KH, 7 g BST

Zutaten
500 g Rosenkohl
200 g Hokkaido-Kürbis
1 Schalotte
½ Bund Petersilie
1 EL Butter
150 ml Hühnerbrühe
Salz
¼ TL ganzer Kümmel
1 EL Rübensirup

1 Den Rosenkohl putzen und die äußeren Blätter entfernen. Dann die zweite Schicht der Blätter ablösen und weiter zubereiten (Rest anderweitig verwenden). Möglichst alles blätterig halten. Der Rosenkohl darf keinen Strunk mehr haben.

2 Den Kürbis waschen, die Kerne entfernen und das Fruchtfleisch etwa 1 cm groß würfeln. Die Schalotte schälen und in feine Würfel schneiden. Die Petersilie waschen, trocken tupfen, die Blätter abzupfen und grob schneiden.

3 Die Hälfte der Butter in einer Pfanne so lange erhitzen, bis die Molke beginnt leicht zu rösten und die Butter etwas bräunt. Die Rosenkohlblätter hinzufügen und mitrösten. Den Kürbis dazugeben und kurz mitrösten. Dann die Schalotte in die Pfanne geben und die Hitze reduzieren, damit die Schalottenwürfel nicht verbrennen. Alles mit der Brühe aufgießen und noch etwa 15 Minuten leicht köcheln lassen.

4 Sobald die Brühe fast vollständig eingekocht ist, alles mit Salz und Kümmel kräftig würzen und die Petersilie untermischen. Das Gemüse mit der restlichen Butter binden und mit Rübensirup abschmecken. Zum Servieren das Gemüse auf Teller verteilen und nach Belieben mit 1 EL Leinsamen bestreuen.

Tipp

Noch mehr Geschmack
Wer will, kann die Leinsamen vor dem Servieren noch rösten. Diese dazu in einer beschichteten Pfanne ohne Fett kurz unter Rühren erhitzen. Dann sofort auf einen Teller geben und etwas abkühlen lassen.

KARTOFFELN

Dickmacher oder Sattmacher? An der Kartoffel scheiden sich die Geister. Obwohl jeder von uns im Schnitt 60 Kilo pro Jahr verspeist. Aber so viel steht fest: So, wie die Knolle aus dem Boden kommt, ist sie erst einmal gesund.

FRISCH & REGIONAL:
Je nach Sorte gibt es frische heimische Kartoffeln ab Juni bis in den Oktober. Da sie sich hervorragend lagern lassen, bekommen Sie jedoch ganzjährig regionale Ware.

SAMPLS LIEBLINGSSORTEN:
‚Linda' (festkochend), ‚Ackersegen' (mehligkochend), ‚Rosa Tannenzapfen' (rosa Schale, festkochend)

DOCH 'NE TOLLE KNOLLE

Die Kartoffel besteht zu 80 Prozent aus Wasser. Außerdem enthält sie wenig, dafür aber besonders **hochwertiges pflanzliches Eiweiß**. Kartoffeln sind gute **Folsäure-, Magnesium-** und **Eisen**lieferanten und verfügen über **Vitamin B und C** und vor allem über sehr viel **Kalium.** Dieses ist wichtig für die Regulierung unseres Blutdrucks und für die Funktion von Zellen, Nerven und Muskeln.

Kaum ein anderes Gemüse macht uns auch in kleinen Mengen so satt wie die Kartoffel. Der Grund dafür sind die **langen Kohlenhydratketten** der Knolle, die wir nur langsam verdauen können. Das erledigen Verdauungsenzyme, die die Kartoffelstärke in Einfachzucker abbauen. Allerdings wird alles, was nicht sofort verbraucht wird, eingelagert und zu Hüftgold. Ein echter Dickmacher ist die Kartoffel allerdings immer nur durch die falsche Zubereitung.

QUALITÄTS-CHECK

Nie grüne Knollen kaufen
Haben Kartoffeln grüne Stellen, waren sie Licht ausgesetzt. Dann bildet sich Solanin in der Knolle und sammelt sich unter der Schale. Diese grünen Stellen könnte man abschälen, aber oft reicht das nicht aus. Deswegen sollten Sie Kartoffeln mit grünen Stellen gar nicht erst kaufen. Und dann die gekaufte Ware immer dunkel und kühl lagern!
Solanin ist ein natürliches Pflanzengift, das die Kartoffeln vor Fressfeinden schützt. Es kann bei uns Menschen allerdings zu Übelkeit und Benommenheit führen.

DIE BESTE ZUBEREITUNG

Erst kochen, dann pellen

Sie muss eh geschält werden, ob vor dem Kochen oder danach, ist doch eigentlich egal? Nicht ganz. 1. Grund: Wenn man Kartoffeln mit Schale kocht, gehen weniger Vitamine und Mineralstoffe ins Kochwasser verloren, und sie schmecken auch intensiver. 2. Grund: Sauber geschrubbt kann die Schale auch mitgegessen werden, beispielsweise bei selbst gemachten Pommes oder Kartoffelspalten aus dem Ofen.

Geschälte Kartoffeln wässern

Auch für klassische Salzkartoffeln gilt: Je länger sie nach dem Schälen in Wasser liegen, desto mehr Stärke verlieren sie. Dadurch werden Kartoffeln übrigens auch für Menschen bekömmlicher, die Probleme mit Fruktose haben.

RESISTENTE STÄRKE

Gut für den Darm und die schlanke Linie

Zum richtigen Schlankmacher wird die Kartoffel übrigens, wenn man sie mit Schale gart, pellt, gut abkühlen lässt (am besten über Nacht im Kühlschrank) und dann kalt isst. Denn so verändert sich ein großer Teil der Stärke in der Kartoffel. Sie wird resistent, das heißt, zu einer Art unverdaulichem Ballaststoff, und der macht überhaupt nicht dick. Einmal abgekühlt, rutschen Kartoffeln quasi durch bis zum Dickdarm. Dort stürzen sich spezielle Bakterien auf die resistente Stärke und machen aus ihr unter anderem Buttersäure. Die ist sehr gesund für alle unsere Darmzellen.

BUNTE BLECHKARTOFFELN
MIT THYMIAN UND KNOBLAUCH

FÜR 2 PERSONEN ALS BEILAGE

Nährwerte pro Portion:
ca. 255 kcal, 3 g EW, 15 g F,
26 g KH, 2 g BST

Zutaten
400 g festkochende bunte Kartoffeln
1 Knoblauchzehe
3 Zweige Thymian
Salz, Pfeffer aus der Mühle
frisch geriebene Muskatnuss
30 ml Rapsöl
Öl zum Backen

1 Die Kartoffeln schälen und möglichst lange wässern, damit die Stärke ausgewaschen wird (siehe Seite 51). Den Backofen auf 180 °C (Umluft) vorheizen. Ein Backblech mit Backpapier belegen. Den Knoblauch schälen und fein würfeln. Den Thymian waschen, trocken tupfen, Blätter abzupfen und fein schneiden.

2 Die Kartoffeln aus dem Wasser nehmen und trocken tupfen, längs halbieren und auf der gewölbten Seite fächerförmig einritzen. Die Kartoffeln auf dem Blech verteilen, mit Salz, Pfeffer und Muskatnuss bestreuen und mit dem Öl beträufeln. Knoblauch und Thymian ebenfalls auf die Kartoffelhälften geben.

3 Die Blechkartoffeln im Ofen auf der mittleren Schiene etwa 40 Minuten weich backen, bis sie eine leicht braune Kruste haben. Dabei zwischendurch immer wieder mit Öl beträufeln, damit sie nicht austrocknen. Danach die Kartoffeln aus dem Ofen nehmen und vor dem Servieren etwas abkühlen lassen.

PELLKARTOFFELSALAT
MIT GURKE UND PETERSILIE

FÜR 4 PERSONEN

Nährwerte pro Portion:
ca. 340 kcal, 4 g EW, 25 g F, 22 g KH, 3 g BST

Zutaten
1 Zwiebel
1 Bund Petersilie
Salz
600 g festkochende Kartoffeln
300 g Salatgurke
100 ml Sonnenblumenöl
1 EL körniger Senf
100 ml Apfelessig
Pfeffer aus der Mühle

1 Die Zwiebel schälen und fein würfeln, die Schalen beiseitelegen. Die Petersilie waschen, trocken tupfen, Blätter abzupfen und beiseitelegen, die Stiele aufheben. Zwiebelschalen und Petersilienstiele in einem Topf mit 200 ml kaltem Salzwasser langsam aufkochen und zugedeckt bei schwacher Hitze etwa 15 Minuten köcheln lassen. Anschließend den Fond durch ein Sieb gießen, die Gemüsereste entfernen.

2 Gleichzeitig die Kartoffeln waschen und in Salzwasser weich garen. Dann abgießen, kurz ausdampfen und abkühlen lassen. Kartoffeln noch warm pellen und in Scheiben schneiden. Gurke schälen, längs halbieren und entkernen, die Hälften würfeln.

3 Die Zwiebel in 1 EL Öl anschwitzen. Den Senf hinzufügen und mitschwitzen. Mit Essig ablöschen, übriges Öl und den Fond hinzufügen. Kartoffeln und Gurken mit der Marinade mischen und den Salat etwa 1 Stunde ziehen lassen. Zum Servieren die beiseitegelegte Petersilie fein schneiden. Den Salat mit Salz und Pfeffer würzen und die Petersilie untermischen.

GESUNDE POMMES

Außen knusprig, innen cremig und heiß müssen sie sein, dann sind sie lecker und schrecklich ungesund: Pommes. Dabei fängt alles so gesund mit der Kartoffel (siehe Seite 50) an. Doch alles ist futsch, wenn aus der Knolle Tiefkühl-Pommes werden und wir die in heißem Öl frittieren. Dann liefern 100 g stolze 290 kcal. Die gleiche Menge im Backofen zubereitet, kommt auf 150 kcal. Auch die Zubereitung in einer Heißluftfritteuse ist keine wirkliche Alternative. Denn Tiefkühl-Pommes sind fast immer vorfrittiert. Gesünder sind die Selbstgemachten. Und im Ofen werden die auch knusprig, wenn man ein paar Tipps beherzigt.

SELBST GEMACHTE POMMES

FÜR 2 PERSONEN ALS BEILAGE

4 festkochende Kartoffeln
Salz
3 EL Rapsöl
Pfeffer aus der Mühle
Paprikapulver

Nährwerte pro Portion:
ca. 315 kcal, 5 g EW, 15 g F, 38 g KH, 3 g BST

1 Die Kartoffeln gründlich waschen und samt Schale in etwa 1 cm dicke Stifte schneiden. In Salzwasser 3 bis 4 Minuten vorgaren. In ein Sieb abgießen, kalt abschrecken, trocken tupfen.

2 Den Backofen auf 250 °C (Umluft) vorheizen. Ein Backblech mit Backpapier belegen. Das Öl in einer großen Schüssel mit Salz, Pfeffer und Paprikapulver mischen und die Kartoffelstifte darin rundum gründlich wenden. Die Stifte auf dem Blech verteilen (dabei darauf achten, dass sie sich nicht berühren) und im Ofen auf der mittleren Schiene 15 bis 20 Minuten backen. Die Pommes herausnehmen und noch warm servieren.

Tipp

Die Stärke soll brechen
Pommes aus rohen Kartoffeln werden im Ofen außen schnell knusprig, bleiben innen aber oft roh. Darum ist es ratsam, die Kartoffeln vorzukochen. Dadurch werden die Stärkekammern aufgebrochen, die sich dann beim Garen wieder anders zusammensetzen. Auf diese Weise entstehen Pommes, die außen knusprig und innen gar sind.

Gesünder als normale Kartoffeln sind Süßkartoffeln. Denn die liefern mehr Ballaststoffe und fast so viel Beta-Carotin wie Möhren. Die süßen Schwestern verhalten sich bei der Zubereitung ganz anders als unsere heimischen Kartoffeln. Sie sollte man besser nicht vorkochen, sondern nur in kaltem Wasser baden und dann gut mit Küchenpapier trocken tupfen.

Tipp

Kartoffelstärke macht sie knusprig

Süßkartoffeln werden im Ofen schnell matschig. Deswegen vor dem Backen nur wenig Öl dazugeben und sie stattdessen rundum mit Kartoffelstärke bemehlen. So werden auch Süßkartoffeln im Ofen besonders knusprig.

SÜSSKARTOFFEL-POMMES

FÜR 2 PERSONEN ALS BEILAGE

2 Süßkartoffeln
30 ml Rapsöl
1 EL Kartoffelstärke

Nährwerte pro Portion:
ca. 500 kcal, 5 g EW, 17 g F, 77 g KH, 9 g BST

1 Die Süßkartoffeln schälen, in etwa 1 cm dicke Stifte schneiden und etwa 1 Stunde in kaltes Wasser legen. Anschließend abgießen und trocken tupfen.

2 Den Backofen auf 250 °C (Umluft) vorheizen. Ein Backblech mit Backpapier belegen. Die Stifte in einen Kunststoffbeutel geben und etwas Öl hinzufügen. Den Beutel gut verschließen und die Süßkartoffelstifte darin vorsichtig bewegen, sodass sie rundum von einer feinen Ölschicht überzogen sind.

3 Den Beutel öffnen und etwas Kartoffelstärke in den Beutel sieben. Wer will, gibt noch einige Chiliflocken dazu. Den Beutel wieder verschließen und die Süßkartoffeln nochmals gründlich durchschütteln, bis alle Stifte leicht bepudert aussehen.

4 Die Pommes auf dem Blech verteilen (dabei darauf achten, dass sich die Stifte nicht berühren) und im Ofen auf der mittleren Schiene 15 bis 20 Minuten backen. Wichtig: Die Ofentemperatur sollte während des Backens nicht sinken, sonst werden die Süßkartoffelpommes matschig. Die Pommes aus dem Ofen nehmen und noch warm servieren, nach Belieben salzen.

SELBST GEMACHTE SAUCEN

Pommes, Currywurst – wer liebt sie nicht ab und an? Und dazu gehören natürlich die passenden Saucen, wie Mayonnaise und Currysauce. Wenn Pommes und die geliebten Begleiter selbst gemacht sind, sind sie nicht nur gesündern, sondern schmecken auch viel besser. Auf den Seiten 124/125 finden Sie übrigens noch zwei einfach gute Alternativen zu Ketchup und Co. Die Saucen passen wunderbar zu Gegrilltem, Gemüsestickts, oder schön knusprigen Pommes. – Hausgemachten natürlich (siehe Seite 54/55), mit oder ohne Curyywurst.

KRÄUTER-PILZ-MAYONNAISE

FÜR CA. 250 G

1 Ei
6 Champignons
½ Gemüsezwiebel
1 EL Öl zum Braten
Pfeffer aus der Mühle
150 ml Rapsöl
1 TL mittelscharfer Senf
1 Spritzer Worcestersauce
Saft von ½ Zitrone
2 Tropfen Chiliöl
Salz
1 EL Schnittlauchröllchen

Pro Portion (ca. 25 g):
ca. 160 kcal, 1 g EW, 17 g F, 1 g KH, 0 g BST

1 Das Ei in kochendem Wasser 3 Minuten wachsweich garen, kalt abschrecken und abkühlen lassen, dann pellen. Inzwischen die Pilze putzen, falls nötig, trocken abreiben und klein würfeln. Die Zwiebel schälen und fein würfeln. Beides in einer Pfanne im Öl zum Braten etwa 5 Minuten anschwitzen, mit Pfeffer würzen. Vom Herd nehmen und abkühlen lassen.

2 Das Ei (das Eigelb soll noch flüssig sein) in einem hohen Rührbecher mit dem Stabmixer zu einer glatten, cremigen Emulsion pürieren, nach und nach das Rapsöl dazugeben.

3 Die Creme mit Senf, Worcestersauce, Zitronensaft und Chiliöl mischen, die Pilze dazugeben und alles nochmals pürieren. Zuletzt mit Salz und Pfeffer abschmecken und den Schnittlauch unterrühren. Bis zum Servieren kühl aufbewahren und noch am gleichen Tag verbrauchen.

HAUSGEMACHTE CURRYSAUCE

FÜR 1 GLAS (300 ml)

Für die Currypaste (ca. 250 g)

1 kleine Gemüsezwiebel
2 Knoblauchzehen
1 haselnussgroßes Stück Kurkuma
1 rote Spitzpaprikaschote
50 g Koriandersamen
30 g Senfkörner
30 g Bockshornkleesamen
50 g Kreuzkümmelsamen
20 g schwarzer Pfefferkörner
2 g Cayennepfeffer
75 ml Rapsöl

Für die Currysauce (ca. 300 g)

1 Zwiebel, 3 Äpfel
1 EL braune Butter (siehe Seite 34)
2 EL Currypaste (siehe oben)
200 ml Apfelsaft
1 Dose passierte Tomaten (200 g)

Pro Portion Currypaste (ca. 25 g):
ca. 80 kcal, 1 g EW, 8 g F,
2 g KH, 1 g BST

Pro Portion Currysauce (ca. 25 g):
ca. 45 kcal, 1 g EW, 1 g F,
7 g KH, 1 g BST

1 Für die Currypaste Zwiebel, Knoblauch und Kurkuma (Achtung, färbt stark ab!) schälen und sehr fein würfeln. Paprika längs halbieren, entkernen, waschen und sehr fein würfeln. Alles in einer Pfanne ohne Fett so lange anrösten, bis die Paprikastücke leicht zerfallen. Danach im Mörser kräftig zerstoßen.

2 Die Pfanne mit Küchenpapier säubern und alle trockenen Gewürze darin kurz anrösten. Herausnehmen und zum Gemüse in den Mörser dazugeben. Alles fein zermahlen. Zuletzt das Öl untermischen, bis eine gleichmäßige Paste entstanden ist. Die Currypaste in ein sauberes Schraubglas geben und mit einer Schicht Öl übergießen, damit sie luftdicht abgeschlossen ist. Das Glas verschließen. Im Kühlschrank hält sich die Paste mindestens 4 Wochen.

3 Für die Currysauce die Zwiebel schälen und fein würfeln. Die Äpfel vierteln, schälen, entkernen und klein würfeln. Beides in einem Topf in der braunen Butter anschwitzen. Die Currypaste dazugeben und mit Apfelsaft und passierten Tomaten aufgießen. Alles offen bei schwacher Hitze mindestens 15 Minuten köcheln lassen, bis die Flüssigkeit fast vollständig eingekocht ist.

4 Sind noch Apfel- oder Tomatenstücke zu sehen, alles im Topf mit dem Stabmixer fein pürieren. Zum Servieren die Sauce nach Belieben mit mehr Currypaste oder Zucker abschmecken. Sie passt zu Pommes, Bratwurst, Grillkäse und Tofu-Würstchen.

HANF

Vom Kifferkraut zum Superfood: Die kleinen Hanfsamen, bei denen es sich botanisch gesehen um die Nüsse der Pflanzen handelt, stecken voller wertvoller Inhaltsstoffe. Und damit ist nicht ihre berauschende Wirkung gemeint.

EIN GANZ BESONDERES KRAUT

Aus Hanfsamen wird Öl gepresst, sie werden zu Mehl gemahlen oder im Ganzen gegessen. Seit 1996 darf Hanf auch in Deutschland wieder angebaut werden. Allerdings ausschließlich von Bauern, die eine Lizenz dafür besitzen, und nur Sorten, deren THC-Gehalt so gering ist, dass sie für die Herstellung von Rauschmitteln ungeeignet sind. Schnell hat sich um die uralte Nutzpflanze herum eine beachtliche Produktpalette gesellt. Die kleinen Blätter werden zu Tee verarbeitet, die Samen zu Hanfdrink als Kuhmilchersatz oder zu Hanf-Schokolade.

In den Samen steckt viel **Zink**, wichtig für unsere Wundheilung, in der geschälten Ware viel **Vitamin E**, das uns vor freien Radikalen schützt. Und Hanf enthält, was kaum eine Pflanze, sondern sonst nur Fleisch, Eier und Co. liefern: **Alle neun essenziellen Aminosäuren**. Darum gilt Hanfeiweiß als besonders hochwertig. Außerdem macht schon eine kleine Portion satt.

QUALITÄTS-CHECK

Nur kleine Mengen kaufen

Natives Hanföl wird viel schneller ranzig als andere Öle. Daher sollten Sie es immer in dunklen Flaschen im Kühlschrank aufbewahren. Einmal geöffnet, muss es innerhalb von 3 Monaten verbraucht werden. Auch die Samen, egal ob geschält oder ungeschält, halten nicht besonders lang. Sie sollten am besten in einem Schraubglas und im Küchenschrank – also an einem dunklen und kühlen Ort – aufbewahrt werden.

Beachtenswert ist auch der hohe Gehalt an ungesättigten Fettsäuren. In einer Menge wie nur wenige andere Lebensmittel enthält Hanf **Gamma-Linolensäure**. Diese ist sehr gesund, denn sie wirkt entzündungshemmend und kann z.B. bei Hauterkrankungen wie Neurodermitis helfen. Hanföl besteht vor allem aus den **mehrfach ungesättigten Fettsäuren Omega 6 und Omega 3**, und weist als einziges Speiseöl das perfekte Mischungsverhältnis aus beiden Omega-Fettsäuren auf, nämlich 3-mal so viel Omega 6 wie Omega 3. Alle anderen Pflanzenöle enthalten deutlich mehr Omega 6. Doch nur, wenn es 3 : 1 steht, können die Fettsäuren ideal wirken, unseren Blutdruck positiv beeinflussen und Gelenkbeschwerden wie Arthrose und Rheuma lindern.

Das Mehl aus den entölten Hanfsamen ist proteinreich und verfügt über so gut wie keine Stärke, darum kann es nicht zum Backen eingesetzt werden. Es eignet sich aber sehr gut zum Binden von Suppen und Saucen sowie zur Anreicherung von Speisen mit Protein. Und nebenbei gibt es gleichzeitig noch ordentlich Ballaststoffe dazu.

DIE BESTE ZUBEREITUNG

Entweder, oder

Hanfsamen und Hanföl haben einen sehr milden, nussigen Geschmack. In Kombination mit Pinienkernen oder anderen Nüssen gehen sie geschmacklich jedoch unter. Deshalb sollte man sich entscheiden, ob man Hanfsamen oder beispielsweise Walnüsse für ein Gericht nehmen möchte.

Hanf mag keine Hitze

Aufgrund der empfindlichen Fettsäuren, die durch Luft, Licht und Hitze schnell zerstört werden können, sollte man Hanfsamen auf keinen Fall rösten und Hanföl nur für kalte Gerichte benutzen oder vielleicht nach dem Braten als kleines Finish zum Fleisch, Fisch oder Gemüse geben.

HANF IST NICHT GLEICH HANF

Nutzhanf und Marihuana stammen zwar aus der Cannabis-Familie, sind aber unterschiedliche Sorten. Während der THC-Gehalt von Marihuana-Pflanzen zwischen 5 und 10 Prozent liegt, muss er beim Nutzhanf unter 0,3 Prozent liegen. Für einen sehr kleinen Rausch müsste man also schon ein ganzes Hanffeld rauchen.

HANFPESTO
MIT ROTEN LINSEN

FÜR 10 PORTIONEN

Nährwerte pro Portion:
ca. 315 kcal, 8 g EW, 26 g F, 13 g KH, 3 g BST

Zutaten

150 g gegarte rote Linsen (von 100 g getr. Ware)
2 Bund Petersilie
1 Bio-Orange
75 g Hartkäse (am Stück)
50 ml Hanföl
150 ml Olivenöl
50 g Rosinen
50 g Sonnenblumenkerne
50 g geschälte Hanfsamen
Salz, Pfeffer aus der Mühle

1 Die Linsen ggf. abkühlen lassen. Die Petersilie waschen, trocken tupfen, die Blätter abzupfen und grob schneiden. Die Orange waschen, abtrocknen, die Schale fein abreiben. Dann die Orange halbieren und auspressen. Den Käse fein reiben.

2 Die Linsen in einen hohen Rührbecher geben und mit Petersilie, Orangenschale und etwas Orangensaft sowie beiden Ölsorten mit dem Stabmixer fein pürieren.

3 Anschließend Rosinen, Sonnenblumenkerne und Käse in den Rührbecher hinzufügen und alles nochmals fein pürieren. Falls das Pesto zu fest ist, noch etwas Olivenöl dazugeben.

4 Zuletzt die geschälten Hanfsamen unter das Pesto mixen und alles mit Salz und Pfeffer würzen. Das Pesto passt super zu Nudeln, Mozzarella und Garnelen.

HANFSTAMPF
MIT SELLERIE UND STECKRÜBEN

FÜR 4 PERSONEN ALS BEILAGE

Nährwerte pro Portion:
ca. 235 kcal, 6 g EW, 24 g F, 9 g KH, 9 g BST

Zutaten
200 g mehlig kochende Kartoffeln
200 g Knollensellerie, ggf. mit Grün
50 g Steckrübe, Salz
¼ l ungesüßter Hanfdrink
100 g Butter
50 g Hanfmehl (aus dem Bioladen)
frisch geriebene Muskatnuss

1 Kartoffeln, Sellerie und Steckrübe schälen, etwa 1 cm groß würfeln und in einem Topf in Salzwasser etwa 25 Minuten weich garen. Dann abgießen, kurz ausdampfen lassen und alles mit dem Kartoffelstampfer zerdrücken.

2 Den Hanfdrink lauwarm erhitzen und mit der Butter in Würfeln zum Stampf geben. Alles locker mischen, das Hanfmehl unterrühren und den Stampf mit Salz und Muskatnuss abschmecken. Wer mag, gibt noch ein paar geschälte Hanfsamen dazu und garniert den Stampf mit dem Grün vom Sellerie. Der Stampf schmeckt super zu gebratenen Pilzen, Fisch oder Grillkäse.

MÖHREN

Wunderbar süß, knackig und leuchtend orange – Möhren mag doch fast jeder. Und das ist auch gut so. Möhren, auch Karotten oder Wurzeln genannt, sind super gesund, nicht nur für die Augen.

FRISCH & REGIONAL:
Möhren haben fast das ganze Jahr über Saison. Ab Mai gibt es frische Bundmöhren, später die kräftigeren Sommer- und Herbstmöhren. Ab Dezember bekommen Sie Lagermöhren, die sind dicker und kürzer.

SAMPLS LIEBLINGSSORTEN:
‚Lila Luder' (eine Kreuzung einer orangefarbenen Sorte mit der violetten Urmöhre), ‚Ochsenherz', ‚Pariser Markt'

WERTVOLL VOM KRAUT BIS IN DIE SPITZE

Der süddeutsche Name „Karotte" verrät es schon: In keinem anderen Gemüse steckt so viel **Beta-Carotin**. Diesen sekundären Pflanzenstoff wandelt unser Körper in **Vitamin A** um, und das ist der Stoff, der so gut für die Augen ist. Möhren lassen uns zwar nicht wieder besser sehen, aber sie schützen uns vor weiterem Sehverlust. Außerdem braucht unsere Netzhaut Vitamin A, damit wir hell und dunkel unterscheiden können. Es schützt auch unsere Haut vor schädlichen UV-Strahlen und die Zellen vor freien Radikalen. Schon zwei Möhren decken den Tagesbedarf eines Erwachsenen an Vitamin A.

Es wird sogar behauptet, Möhren könnten vor Krebs schützen. Erwiesen ist die präventive Wirkung von Beta-Carotin in der Nahrung auf das Auftreten von Krebs, Gefäßveränderungen und metabolischem Syndrom. Tatsächlich werden hohe Dosen Vitamin A in der Krebstherapie eingesetzt – aber nur ergänzend.

Außerdem sind Möhren in Form der Moro-Suppe ein wirkungsvolles Hausmittel bei Magen-Darm-Beschwerden. Mehr dazu sowie das Rezept finden Sie im Tipp auf Seite 64.

QUALITÄTS-CHECK

Klein und knackig sollten sie sein
Je größer die Möhren, desto höher ist die Wahrscheinlichkeit, dass sie holzig sind. Wenn Sie Bundmöhren kaufen, ist es wichtig, dass das Grün sofort abgeschnitten wird. Denn das Grün entzieht der Rübe das Wasser, weshalb die Möhren sehr schnell gummiartig und schrumpelig werden. Das Grün nicht entsorgen, es lässt sich auf jeden Fall noch weiterverarbeiten (siehe Seiten 66, 70/71).

Möhren, besonders ungeschält, liefern uns reichlich **Ballaststoffe, speziell Pektin**. Sie regen den Stoffwechsel an, dadurch sinken die Blutfettwerte und weniger Insulin wird freigesetzt. Außerdem reduzieren Ballaststoffe das Risiko für Schlaganfall, Herzinfarkt oder Diabetes Typ 2.

Möhrengrün enthält viele **ätherische Öle** und **Flavonoide.** Außerdem liefert es neben den Ballaststoffen auch **Bitterstoffe**. Es enthält zudem mehr **Kalzium** als die Rüben. Wer auch das Grün verwenden möchte, sollte Bundmöhren aus biologischem oder wenigstens aus regionalem Anbau kaufen. Konventionelles Gemüse (aus dem Ausland) ist oft mit Pestiziden gespritzt, während dies bei Bio-Produkten verboten ist. In Deutschland konventionell angebautes Gemüse wird zwar auch gespritzt, allerdings weit vor der Ernte. Und wenn sich noch Rückstände von Pflanzenschutzmitteln auf dem Möhrengrün befinden, kann man sie mit reichlich Wasser zu Hause selbst abwaschen.

DIE BESTE ZUBEREITUNG

Sie dürfen richtig kochen

Beim Erhitzen gehen zwar ein paar Vitamine verloren, aber bei Möhren ist das Garen mit Blick auf die Nährstoffe trotzdem erwünscht: Denn durch die Hitze werden die Zellwände der Möhre aufgebrochen, sie wird leichter bekömmlich und der Körper kann mehr Vitamine aufnehmen.

Ein bisschen Fett muss sein

Und immer dran denken: Beta-Carotin beziehungsweise Vitamin A ist fettlöslich. Nur in Verbindung mit Fett können wir es optimal aufnehmen. Das heißt: Am besten an alle Möhrengerichte immer ein paar Tropfen Öl geben!

GRÜN BRINGT FARBE UND GESCHMACK

Das Möhrenlaub oder -grün schmeckt ein bisschen wie Petersilie, enthält aber auch leichte Bitterstoffe. Darum lohnt es sich, die kleinen grünen Blättchen abzuzupfen und zu verarbeiten. Nur den Strunk kann man getrost wegwerfen, da er zu holzig und sehr bitter ist. Übertreiben sollten Sie es mit dem Grün aber nicht, denn zu viel davon kann zu Bauchweh oder Durchfall führen.

FÜR DIABETIKER

Möhren können wegen der enthaltenen Kohlenhydrate gekocht oder püriert den Blutzuckerspiegel schnell ansteigen lassen. Rohe Möhren tun das allerdings nicht und sind hier die bessere Wahl.

MÖHRENSUPPE
MIT HAFERFLOCKEN

FÜR 4 PERSONEN

Nährwerte pro Portion:
ca. 200 kcal, 5 g EW, 6 g F, 24 g KH, 7 g BST

Zutaten

2 Schalotten
100 g Knollensellerie, ggf. mit Grün
1 EL Butter
100 g zarte Haferflocken
100 ml Weißwein
3 Pimentkörner
1 l Moro-Suppe (siehe Tipp)
Salz, Pfeffer aus der Mühle
frisch geriebene Muskatnuss
brauner Zucker
etwas Möhrengrün zum Garnieren (am besten Bio-Ware)
4 TL Schmand

1 Die Schalotten schälen und fein würfeln. Den Sellerie putzen, schälen und grob würfeln. Die Butter in einem Topf zerlassen und die Schalotten darin glasig schwitzen. Den Sellerie hinzufügen und ebenfalls mitschwitzen. Die Haferflocken dazugeben und alles bei mittlerer Hitze leicht anrösten. Mit dem Weißwein ablöschen und die Flüssigkeit auf die Hälfte einkochen lassen.

2 Die Pimentkörner und die Moro-Suppe zum Gemüse geben. Falls nötig, noch etwas Wasser dazugießen. Alles offen bei schwacher Hitze etwa 25 Minuten köcheln lassen.

3 Anschließend die Pimentkörner wieder entfernen und die Suppe im Topf mit dem Stabmixer pürieren. Die Suppe mit Salz, Pfeffer, Muskatnuss und 1 Prise braunem Zucker würzen und nach Belieben noch durch ein Sieb passieren.

4 Zum Servieren das Möhrengrün waschen, trocken tupfen und fein schneiden. Die Suppe auf tiefe Teller oder Schalen verteilen und mit jeweils 1 TL Schmand und etwas Möhrengrün oder auch Selleriegrün garnieren.

Tipp

Moros Gemüsesuppe

Anfang des 19. Jahrhunderts fand der Heidelberger Kinderarzt Prof. Ernst Moro heraus, dass weniger Kinder an Durchfallerkrankungen starben, wenn sie eine spezielle Möhrensuppe aßen: Dafür ließ er 500 g geschälte Möhren 1 Stunde in Wasser weich garen. Danach goss er sie ab, pürierte sie und füllte sie wieder mit Wasser auf insgesamt 1 l auf, würzte mit 3 g Salz und fertig war die Suppe. Durch das lange Kochen werden kleinste Zuckermoleküle aus den Zellen der Möhren freigesetzt. Diese ähneln in ihrer Struktur den Rezeptoren in unserer Darmschleimhaut und können deshalb die Rezeptoren von Keimen blockieren. Dadurch haften diese nicht mehr an der Darmwand, sondern werden an die Zuckermoleküle gebunden und rasch ausgeschieden.

GEBACKENE MÖHREN
MIT MÖHRENGRÜNPESTO

FÜR 4 PERSONEN

Nährwerte pro Portion:
ca. 615 kcal, 6 g EW, 55 g F,
23 g KH, 6 g BST

Zutaten

Für die Möhren
1 Bund Möhren (5–7 Stück), mit Grün
1 Winterrettich
1 Zwiebel, 2 Knoblauchzehen
50 ml Distelöl
Salz, Pfeffer aus der Mühle
1 EL Rübensirup

Für das Pesto
Möhrengrün von 1 Bund (siehe oben; am besten Bio-Ware)
1 Bund Petersilie
100 ml Distelöl
1 Knoblauchzehe
1 Bund Thymian
1 EL Sonnenblumenkerne
1 EL Leinsamen
1 EL Öl zum Braten
Salz

Außerdem
200 g Frischkäse (Doppelrahmstufe)
20 ml Distelöl
2 TL Rübensirup
Salz, Pfeffer aus der Mühle

1 Für die gebackenen Möhren den Ofen auf 150 °C (Umluft) vorheizen. Ein Backblech mit Backpapier belegen. Die Möhren waschen, putzen und das Grün bis auf 2 cm abschneiden, den Rest für das Pesto beiseitelegen. Den Winterrettich waschen und putzen, erst längs vierteln, dann in kleine Stücke schneiden. Die Zwiebel schälen und in feine Streifen schneiden. Den Knoblauch schälen und fein würfeln.

2 Möhren und Winterrettich auf dem Blech verteilen und mit Zwiebel, Knoblauch und Distelöl mischen. Alles mit Salz, Pfeffer und Rübensirup würzen. Das Backpapier über dem Gemüse zusammennehmen und, falls nötig, mit Küchengarn zubinden. Dann das Gemüse im Ofen auf der mittleren Schiene etwa 30 Minuten garen.

3 Für das Pesto Möhrengrün und Petersilie waschen, trocken tupfen, dann in einem hohen Rührbecher mit dem Distelöl mit dem Stabmixer fein pürieren. Den Knoblauch schälen und fein würfeln. Den Thymian waschen, trocken tupfen, die Blätter abzupfen und fein schneiden.

4 Sonnenblumenkerne und Leinsamen in einer Pfanne im Öl kurz anrösten, Knoblauch und Thymian dazugeben und mitrösten. Vom Herd nehmen und abkühlen lassen. Dann alles zum Möhrengrün geben und kurz untermixen, aber nicht zu fein pürieren. Das Pesto mit Salz würzen.

5 Zum Servieren den Frischkäse mit Distelöl und Rübensirup verrühren und mit Salz und Pfeffer abschmecken. Das Gemüse aus dem Ofen nehmen und das Papier öffnen (Achtung, heißer Dampf entweicht!). Die Möhren halbieren und mit dem übrigen Gemüse auf Teller verteilen. Den Frischkäse auf das Gemüse geben und alles mit Möhrengrün-Pesto garnieren.

MÖHRENKUCHEN
MIT KNUSPERKRUSTE

FÜR 1 SPRINGFORM (30 cm Durchmesser; 12 Stücke)

Nährwerte pro Stück:
ca. 295 kcal, 6 g EW, 13 g F, 37 g KH, 3 g BST

Zutaten

Für den Kuchen
weiche Butter und Mehl für die Form
180 g Möhren
225 g Dinkelmehl (Type 630)
30 g Haferkleie
1 TL gemahlener Piment
½ TL Zimtpulver
1 große Prise Salz
1 TL Backpulver
½ TL Backnatron
225 g flüssiger Honig
60 g Butter, zerlassen und leicht abgekühlt
225 g griech. Joghurt (10 % Fett)
1 Ei (Größe L)
40 g Walnusskerne
40 g Sultaninen

Für die Kruste
45 g Dinkelmehl (Type 630)
1 EL Rohrzucker
Salz
3 EL kalte Butter
2 EL geschälte Hanfsamen
1 EL geschrotete oder fein gemahlene Leinsamen

1 Für den Kuchen den Backofen auf 180 °C (Umluft) vorheizen. Die Springform einfetten und mit Mehl ausstäuben.

2 Die Möhren putzen, gründlich waschen und auf der Gemüsereibe grob raspeln. In einer Rührschüssel gesiebtes Mehl und Kleie mit den Gewürzen, Backpulver und Backnatron mischen. Die geraspelten Möhren unterheben.

3 In einer weiteren Rührschüssel Honig, weiche Butter, Joghurt und Ei mit den Schneebesen des Handrührgeräts gründlich verrühren. Die Mehlmischung zügig unter die Joghurtmasse ziehen, zuletzt Nüsse und Sultaninen unterheben. Den Teig in die Form geben und glatt streichen.

4 Für die Knusperkruste gesiebtes Mehl, Zucker und 1 Prise Salz in eine Schüssel geben. Die kalte Butter in Würfeln hinzufügen und alles grob zerkrümeln. Dann Hanf- und Leinsamen einarbeiten und die Brösel auf dem Kuchen verteilen, dabei leicht andrücken.

5 Den Kuchen im Ofen auf der mittleren Schiene 35 bis 40 Minuten backen, bis die Oberfläche goldgelb ist und er nussig duftet. Herausnehmen und auf einem Kuchengitter erst 10 Minuten in der Form abkühlen lassen. Dann den Kuchen aus der Form lösen und vollständig abkühlen lassen.

Tipp

Schrubben, nicht schälen
Das macht den Kuchen noch leckerer und gesünder. Denn bleibt die Schale an den Möhren, erhalten wir die volle Menge Ballaststoffe. Und das ist wichtig, denn Sie halten den Blutzuckerspiegel niedrig und sorgen so dafür, dass weniger Insulin freigesetzt wird. So einfach geht gesünderes Naschen!

GEMÜSEBLÄTTER

Egal ob Möhren, Radieschen, Kohlrabi oder Rote Bete – immer häufiger wird Gemüse mit Grün angeboten, zum Beweis, dass die Wurzeln und Knollen frisch sind.

VIEL ZU SCHADE FÜR DIE BIOTONNE

Zu Hause müssen Sie die Blätter entfernen, sonst wird das Gemüse schnell schlaff. Aber wohin jetzt mit dem Grünzeug? In die Biotonne? Das wäre viel zu schade. Denn auch die Blätter und Stiele sind lecker und sehr gesund.

Radieschenblätter sind reich an **Senfölglycosiden** (siehe Seite 22, 37), die uns vor Viren und Bakterien schützen, antioxidativ wirken und das Immunsystem stärken. Die **Blätter der Roten Bete** sind richtige Nährstoffbomben. Sie enthalten 200-mal so viel **Vitamin A** wie die Knollen und 2000-mal so viel **Vitamin K**. Das schützt vor Osteoporose und beugt Arterienverkalkung vor.

Kohlrabiblätter schmecken wie die Knolle, sind jedoch noch gesünder. Denn sie liefern doppelt so viel **Vitamin A und C** und auch deutlich mehr **Magnesium** für unsere Muskeln und Nerven. **Möhrengrün** schmeckt wie eine Mischung aus Petersilie und Möhre. Es steckt voller **Bitterstoffe** und **Ballaststoffe**, die die Verdauung in Schwung bringen. Außerdem enthält es noch mehr Kalzium als die Wurzel. Mehr dazu auf Seite 63.

MULTITALENT RADIESCHENGRÜN

Viel Geschmack für wenig Geld

Die Blätter und Stiele sind schon bezahlt und ergeben eine sehr leckere und günstige Salatmischung. Statt extra Rucola zu kaufen, können Sie beispielsweise Radieschenblätter verwenden, die haben eine ähnliche Schärfe und Bitternote. Auch für ein Pesto oder wie Spinat gedünstet eignen sich die würzigen Blätter gut.

NICHT ESSBAR

Das Grün von **Gurken, Tomaten, Paprikas** oder **Kartoffeln** enthält Giftstoffe wie Oxalsäure und Solanin und darf daher auf keinen Fall verzehrt werden. Außerdem sollten Sie nur Grün von pestizidfrei angebautem Gemüse essen.

DIE BESTE ZUBEREITUNG

Die alten müssen vom Stiel

Junge, zarte Kohlrabi- oder Beteblätter kann man mit Stiel verarbeiten. Bei großen, bereits älteren Blättern verwenden Sie besser nur das Grün, weil die Stiele faserig oder holzig sein können.

Stiele und Grün immer getrennt zubereiten

Die Stiele von Kohlrabi- oder auch Beteblättern sollten immer zuerst angebraten werden. Erst wenn sie fast fertig gegart sind, gibt man das zarte Grün dazu. Kommt beides zugleich in die Pfanne, verkocht das Grün, ehe die Stiele weich sind.

RADIESCHENGRÜNSALAT
MIT FELDSALAT UND GRILLPAPRIKA

FÜR 2 PERSONEN

Nährwerte pro Portion:
ca. 140 kcal, 4 g EW, 11 g F,
5 g KH, 5 g BST

Zutaten

200 g Feldsalat
1 Bund Radieschengrün
3 Radieschen
je 1 gelbe und rote Grillpaprikaschote (aus dem Glas; ersatzweise frische gelbe und rote Paprikaschote)
1 TL körniger Senf
1 EL Johannisbeeressig
2 EL Rapsöl
Salz, Pfeffer aus der Mühle

1 Den Feldsalat und das Radieschengrün verlesen, waschen und trocken schütteln. Die Radieschen putzen, gründlich waschen und in dünne Scheiben schneiden. Die Grillpaprika, falls nötig, abtropfen lassen, und in mundgerechte Stücke schneiden.

2 Für die Vinaigrette Senf, Essig und Öl in einer Salatschüssel verrühren und mit je 1 Prise Salz und Pfeffer mischen. Feldsalat, Radieschengrün und Radieschen in der Vinaigrette gründlich wenden. Zum Servieren den Salat auf Teller oder Schächen verteilen und die Grillpaprika daraufsetzen.

GEMISCHTE PILZPFANNE
MIT KOHLRABIGRÜN UND BETEBLÄTTERN

FÜR 2 PERSONEN

Nährwerte pro Portion:
ca. 185 kcal, 4 g EW, 15 g F,
6 g KH, 3 g BST

Zutaten

100 g Pilze (z.B. Champignons, Kräuterseitlinge oder Shiitake)
1 Kohlrabi, mit Grün
1 Bund Rote-Bete- oder Ringelbetegrün
100 g Cocktailtomaten
30 ml Öl zum Braten
Salz, Pfeffer aus der Mühle

1 Die Pilze putzen und, falls nötig, trocken abreiben und in dünne Scheiben schneiden. Die Blätter vom Kohlrabi abtrennen und mit dem Betegrün gründlich waschen, trocken schütteln und das Blattgrün von den Blattstielen zupfen. Blätter und Stiele separat in dünne Streifen schneiden.

2 Den Kohlrabi schälen, vierteln und in mundgerechte Stücke schneiden. Die Tomaten waschen und vierteln. Das Öl in einer Pfanne erhitzen und erst die Kohlrabistücke darin anbraten, dann die Pilze dazugeben und ebenfalls braten. Zuletzt Tomatenviertel und Blattstiele hinzufügen und alles noch etwa 8 Minuten garen.

3 Zum Servieren die Kohlrabiblätter und das Betegrün unter das Gemüse mischen und alles mehrmals durchschwenken, damit auch das Blattgrün etwas Wärme zieht. Mit Salz und Pfeffer abschmecken und auf Teller verteilen.

Tipp

Pilze richtig putzen
Im Herbst gibt es auch eine große Auswahl an Waldpilzen, die sich ebenfalls für dieses Gericht eignen. Zuchtpilze bitte nie mit Wasser waschen, sonst saugen sie Wasser und werden matschig. Bei manchen Wildpilzen wie zum Beispiel Pfifferlingen muss Waschen sein. Dann die Pilze mit Mehl bestäuben, der Schmutz verbindet sich mit dem Mehl. Anschließend zügig in stehendem Wasser waschen und auf ein Küchentuch geben. Trocken tupfen und gleich verarbeiten.

SALATSAUCEN

Nur Salat ist fade: Erst mit einem leckeren Dressing wird das Hasenfutter zur Gaumenfreude. Fertige Saucen scheinen da sehr praktisch. Das Angebot aus dem Supermarkt ist riesig und im Kühlschrank halten sie meist ewig. Erster Haken: Fertigsaucen sind wahre Meisterwerke der Lebensmittel-Chemie. Sie sind voll Verdickungsmittel wie modifizierte Wachsmais- oder Kartoffel-Stärke. Außerdem Xanthan, Maltodextrin und Glukose-Fruktose-Sirup – also Zucker. Zweiter Haken: Auch mit Fett wird nicht gegeizt. Denn Fett ist ein Geschmacksträger. So wird aus einem scheinbar harmlosen Dressing schnell eine Kalorienbombe. Da gibt es nur eine Lösung: selbst machen! Das ist wirklich simpel und schmeckt viel besser.

JOGHURTDRESSING

FÜR 4 PERSONEN

100 g Joghurt (3,8 % Fett; ersatzweise Schafs- oder Mandeljoghurt)
Salz, Pfeffer aus der Mühle
abgeriebene Schale und Saft von 1 Bio-Orange
20 ml Leinöl
40 ml Fruchtessig (z. B. Johannisbeere)
1 EL Schnittlauchröllchen

Nährwerte pro Portion:
ca. 75 kcal, 2 g EW, 6 g F, 3 g KH, 0 g BST

1 Den Joghurt in eine Schüssel geben und glatt rühren, mit Salz und Pfeffer würzen. Orangenschale und -saft dazugeben, außerdem Leinöl und Essig hinzufügen.

2 Zuletzt den Schnittlauch unter das Dressing mischen und alles gut verrühren. Hält sich gekühlt etwa 4 Tage.

Tipp

Je voller, desto doller

Für ein Joghurtdressing sollten Sie immer zu Vollmilch- anstatt Magermilch-Joghurt greifen. Der höhere Fettgehalt macht das Dressing viel cremiger und intensiver im Geschmack. Und dadurch nimmt man automatisch weniger Salatsauce.

AMERICAN DRESSING

FÜR 4 PERSONEN

1 weiße Zwiebel
2 Knoblauchzehen
1 rote Spitzpaprikaschote
6 kleine Tomaten (mit Rispe)
50 ml Raps- oder Sonnenblumenkernöl
1 EL Tomatenmark
20 ml Fruchtessig (z. B. Johannisbeere)
½ Rezept Joghurtdressing (siehe links)
Salz, Pfeffer aus der Mühle

Nährwerte pro Portion:
ca. 170 kcal, 2 g EW, 16 g F, 4 g KH, 1 g BST

1 Zwiebel und Knoblauch schälen und fein würfeln. Paprika längs halbieren, entkernen, waschen und sehr fein würfeln. Tomaten waschen und sehr klein würfeln. Alles in einer Pfanne im Öl anschwitzen. Das Tomatenmark hinzufügen und alles mit Essig ablöschen, dann etwas einkochen lassen.

2 Anschließend den Mix in einer Schüssel abkühlen lassen, sonst gerinnt der Joghurt. Den Mix mit dem Joghurtdressing verrühren, salzen und pfeffern. In einem Schraubglas im Kühlschrank hält sich das Dressing mindestens 5 Tage.

VINAIGRETTE MIT ERDBEEREN

FÜR 4 PERSONEN

1 Frühlingszwiebel
50 g Erdbeeren
50 ml Olivenöl
1 TL körniger Senf
25 ml Fruchtessig nach Wahl
1 EL gehackter Kerbel
Salz, Pfeffer aus der Mühle

Nährwerte pro Portion:
ca. 120 kcal, 0 g EW, 13 g F, 1 g KH, 1 g BST

1 Die Frühlingszwiebel waschen, putzen und in dünne Ringe schneiden. Die Erdbeeren waschen, putzen und klein würfeln. Öl, Senf und Essig in ein Schraubglas (ca. ¼ l Inhalt) geben.

2 Frühlingszwiebel, Erdbeeren und Kerbel hinzufügen und mit Salz und Pfeffer würzen. Das Glas verschließen und so lange kräftig schütteln, bis alles sämig ist. Hält sich gekühlt 4 Tage.

ESSIG IST ALLES

Augen auf beim Einkaufen
Das einfachste Salatdressing ist die klassische Vinaigrette mit Öl, Senf und Essig. Damit das gesund ist, gilt: Auf dem Etikett der Essigflasche sollte nur eine Zutat stehen, und zwar Essig. Kein(e) Zucker, Verdickungsmittel, Zusatzstoffe oder Aromen.

SPARGEL

Spargelzeit – die 5. Jahreszeit! Auf kein anderes heimisches Gemüse warten wir so ungeduldig wie auf die Sprosse der Spargelpflanze. Ist er dann endlich da, könnten wir ihn jeden Tag essen. Und das mit bestem Gewissen.

Frisch & regional:
Von April bis Juni hat Spargel Saison.

SAMPLS LIEBLINGSSORTEN:
‚Violetta', ‚Huchels' und ‚Burgundine'

VIELE VITAMINE, WENIG KALORIEN

Spargel besteht zu 93 Prozent aus Wasser, hat kaum Kalorien, aber viele Vitamine wie **Vitamin C, E und B**, was gut für unser Blut und unser Immunsystem ist. Besonders hoch ist sein **Folsäuregehalt**. Dieses B-Vitamin hilft gegen Müdigkeit und Konzentrationschwierigkeiten und tut dem Stoffwechsel gut.

Außerdem enthält Spargel viel **Kalium** (ca. 200 g/100 g), welches wir für die Weiterleitung von Impulsen an unsere Nerven und Muskeln benötigen, zudem **Kalzium, Eisen, Magnesium, Kupfer** und **Phosphor** – sehr gut für Herz, Knochen und Kreislauf. Spargel verfügt auch über viel **Inulin**, einen Super-Ballaststoff, der unsere Verdauung in Schwung bringt und uns vor Diabetes und Bluthochdruck schützt.

Warum es riecht, wenn man nach dem Spargelessen zur Toilette muss? Dies liegt an der schwefelhaltigen **Asparagusinsäure** im Spargel, die durch die Anregung unsere Nieren harntreibend und entwässernd wirkt. Das kann hilfreich sein zur Vorbeugung und begleitenden Linderung von Blasenentzündungen und wirkt unterstützend bei Herz-Kreislauf-Schwierigkeiten, Bluthochdruck und Diabetes.

QUALITÄTS-CHECK

Quietschen soll er

Ob daumendick oder spindeldünn, das spielt beim Geschmack keine Rolle. Entscheidend ist die Frische. Die erkennen Sie an geschlossenen Spitzen und an der Anschnittfläche: Sie sollte noch etwas feucht und auf keinen Fall angetrocknet oder verfärbt sein. Garantiert frisch sind die Stangen, wenn sie beim Aneinanderreiben quietschen. Ungeschält in ein feuchtes Tuch gewickelt, hält Spargel zwei bis drei Tage im Kühlschrank.

DIE BESTE ZUBEREITUNG

Spargel richtig putzen
Spargel immer von oben nach unten schälen, weißen Spargel komplett, Grünspargel nur dünn im unteren Drittel. Das holzige Ende am besten abbrechen oder knapp abschneiden.

Salz und Zucker bringen doppeltes Aroma
Je nach Dicke gart man weiße oder violette Stangen 10 bis 20 Minuten in Wasser mit etwas Salz, Zucker und Butter. Grüner Spargel ist etwas schneller gar. Für das Auskochen der Schalen wie auch für das Garen der Spargelstangen sollte man viel Salz und Zucker dazugeben. Am besten so viel, dass man schon fast das Gefühl hat, es sei zu viel. Das Kochwasser sollte also schon einen Grundgeschmack haben.

Spargel al dente – sonst macht der Geschmack schlapp
Spargel sollte wie Pasta mit Biss serviert werden. Der Gabeltest zeigt, wann der Spargel perfekt ist: Einfach eine Stange auf eine Gabel legen. Biegt sie sich nur leicht, ist sie fertig.

LILA UND GRÜN

... auch mal probieren
Entscheidend für die Farbe ist nicht die Sorte, sondern die Anbauform und der Erntezeitpunkt: **Der weiße „Bleichspargel“** wird lichtgeschützt in Erdwällen angebaut.

Beim violetten Spargel durften die Spitzen schon etwas in der Sonne baden. Violetter Spargel ist noch recht unbekannt, er schmeckt aber viel intensiver. Die Anthocyane, die sich in den violetten Spitzen befinden, sind natürliche Pflanzenfarbstoffe, die entzündungshemmend und schmerzstillend wirken und auf diese Weise sogar Rheuma- und Osteoporose-Beschwerden lindern können.

Grüner Spargel schmeckt würziger und ist zudem deutlich schneller zubereitet. Er wächst oberirdisch: Durch diesen Platz an der Sonne betreibt er Photosynthese und wird grün, entwickelt ein intensives Aroma und enthält mehr sekundäre Pflanzenstoffe und Vitamine.

ACHTUNG

Spargel enthält viel **Purin**, was im Übermaß zu Gichtanfällen führen kann. Darum müssen auch Nierenkranke bei Spargel vorsichtig sein.

SPARGELSUPPE
GRÜN-WEISS MIT KERBEL

FÜR 4 PERSONEN

Nährwerte pro Portion:
ca. 225 kcal, 7 g EW, 15 g F, 10 g KH, 5 g BST

Zutaten

2 Bund weißer Spargel (à 500 g)
1 Bund grüner Spargel (500 g)
Salz
Zucker
2 kleine Zwiebeln
1 EL Butter
1 EL Mehl
100 ml Weißwein
je 1 Bund Schnittlauch und Kerbel
150 g Sahne
Saft von ½ Zitrone

1 Beide Spargelsorten waschen, den weißen Spargel ganz, den grünen nur im unteren Drittel schälen. Dabei die Schalen und Abschnitte aufheben. Die holzigen Enden jeweils abschneiden. In einem großen Topf reichlich Wasser aufkochen und kräftig mit Salz und Zucker würzen (siehe Zubereitungstipp auf Seite 77).

2 Erst die weißen Schalen und Abschnitte im Kochsud einige Minuten sprudelnd kochen. Dann beides mit einer Schöpfkelle herausnehmen und entfernen. Anschließend den weißen Spargel im Kochsud offen bei schwacher Hitze etwa 8 Minuten bissfest garen. Herausnehmen und in einer Schüssel mit kaltem Wasser beiseitestellen. Den Kochsud des weißen Spargels offen bei starker Hitze auf die Hälfte einkochen lassen.

3 Währenddessen für den grünen Spargel einen zweiten Topf mit Wasser aufsetzen, ebenfalls kräftig salzen. Den grünen Spargel darin nur etwa 4 Minuten bissfest garen. Danach herausnehmen und auch in die Schüssel mit kaltem Wasser legen.

4 Inzwischen die Zwiebeln schälen und fein würfeln. In einem Topf in der Butter glasig anschwitzen, mit Mehl bestäuben und gut verrühren. Mit Wein ablöschen und nach und nach etwa 4 Schöpfkellen weißen Spargelfond dazugeben. Dabei immer gut rühren, am besten mit einem Schneebesen, damit sich keine Klümpchen am Boden absetzen und anbrennen. Die Suppe bei schwacher Hitze noch 15 bis 20 Minuten unter Rühren köcheln lassen, damit der Mehlgeschmack verkocht.

5 Zwischendurch den gekochten Spargel in mundgerechte Stücke schneiden. Die Kräuter waschen, trocken tupfen, den Schnittlauch in feine Röllchen schneiden, vom Kerbel die Blätter abzupfen und fein schneiden.

6 Sahne und Zitronensaft in die Suppe rühren, dann die Spargelstücke und zuletzt die frischen Kräuter unterheben. Zum Servieren die Suppe nochmals mit Salz abschmecken und auf tiefe Teller oder Schalen verteilen.

Tipp

Eine schöne gelbe Farbe bekommt die Suppe, wenn Sie noch 1 Eigelb mit 1 Schuss Sahne verrühren, den Mix zügig unter die Suppe rühren und nur kurz erhitzen.

OFENSPARGEL
IM PERGAMENTPAPIER

FÜR 2 PERSONEN

Nährwerte pro Portion:
ca. 540 kcal, 8 g EW, 51 g F, 9 g KH, 7 g BST

Zutaten

1000 g weißer Spargel
je 1 Bund Schnittlauch und Kerbel
100 ml Olivenöl (am besten eine fruchtige Sorte)
abgeriebene Schale und Saft von ½ Bio-Zitrone
Salz, Pfeffer aus der Mühle
ggf. Schalen und Abschnitte vom grünen Spargel (von der Spargelsuppe, siehe Seite 78)

1 Den Backofen auf 150 °C (Umluft) vorheizen. Ein Backblech mit Backpapier belegen. Den Spargel waschen und schälen, die holzigen Enden abschneiden. Die Kräuter waschen und trocken tupfen, nicht klein schneiden.

2 Ein kleines Bett aus den frischen Kräutern mittig auf das Backpapier setzen. (Wer die Abschnitte vom grünen Spargel von Seite 78 aufgehoben hat, kann auch diese auf das Backpapier legen.) Den Spargel auf das grüne Bett legen, etwas Olivenöl und Zitronensaft auf jede Stange träufeln und die Stangen mit Zitronenschale, Salz und Pfeffer würzen. Das Backpapier über dem Spargel zusammenfassen, den Spargel gut in das Backpapier einwickeln und mit Küchengarn zubinden.

3 Das Spargelpaket im Ofen auf der mittleren Schiene 20 bis 30 Minuten (je nach Dicke der Spargelstangen) garen, bis der Spargel bissfest ist. Herausnehmen und das Papier öffnen (Achtung, heißer Dampf entweicht!). Den Spargel auf Teller verteilen. Die Kräuter und Spargelabschnitte entfernen. Dazu passen Pellkartoffeln oder ein Kartoffelauflauf.

Tipp

Kleines Päckchen, großes Aroma
Meist wird Spargel in Wasser gekocht. Aber dabei dabei geht viel Geschmack verloren. Wickelt man die Stangen dagegen in Backpapier ein und schiebt sie in den Ofen, beschützt das Papier sie vor der Hitze und alle Aromen bleiben erhalten.

KARAMELLISIERTER SPARGEL
MIT PANCAKES UND ERDBEERSAUCE

FÜR 4–6 PERSONEN

Nährwerte pro Portion (bei 4):
ca. 415 kcal, 13 g EW, 6 g F,
72 g KH, 5 g BST

Zutaten

Für die Sauce
1 Schale Erdbeeren (ca. 250 g)
1 EL Zucker
Saft von ½ Zitrone

Für den Spargel
500 g weißer Spargel
500 g grüner Spargel
90 g Zucker
120 ml Orangensaft

Für die Pancakes
2 Eier (Größe M)
200 g Mehl
50 ml Milch
50 ml Mineralwasser (mit Kohlensäure)
1 Prise Salz
1 EL Rapsöl zum Ausbacken

1 Für die Sauce die Erdbeeren waschen und putzen. In einen hohen Rührbecher geben, Zucker und Zitronensaft hinzufügen und alles mit dem Stabmixer fein pürieren.

2 Beide Spargelsorten waschen, den weißen Spargel ganz, den grünen nur im unteren Drittel schälen. Beide Sorten separat in mundgerechte Stücke schneiden. Den Zucker in einer heißen Pfanne schmelzen sowie leicht karamellisieren. Dann mit Orangensaft ablöschen und weiter köcheln lassen. (Wichtig: Nicht mit einem Kochlöffel in der Zucker-Saft-Mischung rühren, sondern die Pfanne nur vorsichtig schwenken!)

3 Sobald sich größere Blasen bilden, den weißen Spargel in die Zucker-Saft-Mischung geben und darin unter Schwenken etwa 6 Minuten garen. Danach den grünen Spargel hinzufügen und noch etwa 4 Minuten garen, bis alle Spargelstücke bissfest sind.

4 Für die Pancakes alle Zutaten bis auf das Öl in einer Rührschüssel mit einem Schneebesen zu einem dickflüssigen Teig verrühren, kurz stehen lassen. In einer zweiten Pfanne etwas Öl erhitzen und aus dem Teig darin Pancakes (ca. 4 cm Durchmesser) backen.

5 Zum Servieren die Pancakes und die Spargelstücke auf Teller verteilen und mit der Erdbeersauce beträufeln. Wer will, kann sie noch mit etwas Puderzucker bestäuben.

Tipp

Spargel aus der Pfanne
Alternativ zum klassischen Kochen und zum Garen im Päckchen (siehe Seite 80) können Sie Spargel auch in der Pfanne braten: So werden keine Inhaltsstoffe ausgewaschen, außerdem bekommt er tolle Röstaromen. Weißer Spargel braucht dann etwa 10 Minuten, grüner Spargel 4 bis 6 Minuten.

ZUCCHINI

Grün, gelb, lang oder kugelrund – die Früchte und Blüten der Zucchinipflanze haben viele gesunde Seiten, sind lecker sowie kalorienarm und lassen sich einfach und vielseitig zubereiten.

FRISCH & REGIONAL:
Das typische Sommergemüse gibt es von Juni bis Oktober aus heimischem Anbau.

OB FRUCHT ODER BLÜTE – ECHTE KRAFTPAKETE

Zucchini haben viel Masse, aber **sehr wenige Kalorien**: Sie enthalten kaum Fett und wenige Kohlenhydrate und sind damit ideale Satt- und Schlankmacher. Reichlich **Magnesium** stärkt unsere Muskeln und Nerven. Das **Eisen** der Zucchini ist wichtig für die Blutbildung (zu Eisen und Vitamin C, siehe Seite 30). Zudem enthalten sie viel **Kalium**, gut für den Wasserhaushalt.

WAS SO EINE BLUME ALLES KANN!

Die Blüten verfügen über fast doppelt so viel **Phosphor**, der den Aufbau unserer Zellwände unterstützt, wie die Früchte. Außerdem über noch mehr **Kalium**. Und reichlich **Beta-Carotin**, das unser Körper in **Vitamin A** umwandelt und das Augen und Haut schützt. Wenn Sie Zucchini anbauen, ernten Sie ruhig die männlichen Blüten, so gehen Ihnen keine Früchte verloren: Sie haben längere Stiele und keinen Fruchtknoten hinter der Blüte.

BITTERSTOFFE

Von Natur aus enthalten Zucchini den Bitterstoffe **Cucurbitacin**, mit dem sie sich vor Fraßfeinden schützen. In Maßen tut er auch uns gut (siehe Seite 108), ab einer gewissen Menge wirkt er toxisch. Aus den heutigen Sorten wurden die Bitterstoffe stark herausgezüchtet. Aber Hobbygärtner müssen aufpassen: Gewinnen Sie kein Saatgut aus Ihrer Ernte. Dabei kann es zu Rückmutationen kommen. Giftige Zucchini und Gurken erkennt man am sehr bitteren Geschmack.

QUALITÄTS-CHECK

Glatt, glänzend, und nicht zu groß
Frische Zucchini sind fest, glatt und glänzend. Am aromatischsten sind kleine Früchte. Frische Blüten sehen fest und kräftig orange-gelb aus.

DIE BESTE ZUBEREITUNG

Die Blütenstempel müssen raus: Zucchiniblüten können maximal zwei Tage gelagert werden. Die Blütenstempel sollte man entfernen, sie färben ab und sind unangenehm beim Kauen.

Mit viel Platz anbraten: Da sie sehr schnell Flüssigkeit ziehen, erhalten Sie Matsch, wenn Sie zu viele Zucchinistücke, beispielsweise die Würfel bei der Zucchini-Bolognese (siehe Seite 86), auf einmal in die Pfanne geben. Schön knusprig werden sie, wenn man sie nach und nach und mit wenig Öl anbrät.

GEFÜLLTE ZUCCHINIBLÜTEN
MIT FETA UND KRÄUTERN

FÜR 4 PERSONEN

Nährwerte pro Portion:
ca. 430 kcal, 9 g EW, 32 g F, 24 g KH, 5 g BST

Zutaten

2 Tomaten
je 1 Handvoll Petersilien- und Basilikumblätter
½ Bund Schnittlauch
100 g Feta (Schafskäse)
15 ml Leindotteröl
Salz, Pfeffer aus der Mühle
4 große oder 8 kleine Zucchiniblüten
1 Frühlingszwiebel
50 ml Fruchtessig (z. B. Johannisbeere)
75 ml Olivenöl
1 EL Öl zum Braten
4 Scheiben Landbrot (à ca. 50 g)

1 Tomaten waschen und klein würfeln. Petersilie, Basilikum und Schnittlauch waschen, trocken tupfen und fein schneiden. Den Feta zerkrümeln. Tomaten, Kräuter und Feta in einer Schüssel mit Leindotteröl mischen, mit Salz und Pfeffer würzen.

2 Die Blütenstempel der Zucchiniblüten entfernen. Die Blüten mit den Händen behutsam öffnen und die Füllung mit einem Teelöffel vorsichtig in die Blüten füllen. Die Blüten oben zusammendrehen, sodass sie gut verschlossen sind.

3 Für die Vinaigrette die Frühlingszwiebel waschen, putzen und in dünne Ringe schneiden. In einer Schüssel mit Essig und Olivenöl verrühren, mit Salz und Pfeffer würzen.

4 Die gefüllten Zucchiniblüten in einer Pfanne mit Öl etwa 3 Minuten knusprig braten. Auf Teller verteilen, jeweils mit etwas Vinaigrette beträufeln und das Landbrot dazu reichen.

ZUCCHINI-BOLOGNESE
MIT NUDELN UND BASILIKUM

FÜR 4 PERSONEN

Nährwerte pro Portion:
ca. 500 kcal, 20 g EW, 17 g F, 63 g KH, 7 g BST

Zutaten

2 Zucchini (ca. 250 g)
30 ml Öl zum Braten
1 kleine Gemüsezwiebel
½ Knoblauchzehe
2 Dosen geschälte Tomaten (à ca. 200 g)
Salz, Pfeffer aus der Mühle
320 g Nudeln
100 g geriebener Hartkäse
einige Blätter Basilikum

1 Die Zucchini waschen, putzen, etwa 5 mm klein würfeln und portionsweise in einer Pfanne in wenig Öl goldbraun anrösten. Herausnehmen und beiseitestellen.

2 Zwiebel und Knoblauch schälen und fein würfeln, in einem Topf in 1 EL Öl anschwitzen. Die Tomaten dazugeben, alles aufkochen und etwa 10 Minuten einkochen lassen. Dann die angerösteten Zucchiniwürfel dazugeben und kurz in der Tomatensauce ziehen lassen. Mit Salz und Pfeffer würzen.

3 Währenddessen die Nudeln in reichlich kochendem Salzwasser nach Packungsanweisung bissfest garen. In ein Sieb abgießen, kurz abtropfen lassen und mit der Zucchini-Bolognese und geriebenem Käse servieren. Mit dem Basilikum garnieren.

EINGELEGTE ZUCCHINI
MIT LORBEER UND THYMIAN

FÜR 4 PERSONEN

Nährwerte pro Portion:
ca. 365 kcal, 2 g EW, 39 g F, 2 g KH, 1 g BST

Zutaten
400 g Zucchini
30 ml Öl zum Braten
¼ l Olivenöl
2 Lorbeerblätter
5 Zweige Thymian
Salz, Pfeffer aus der Mühle

1 Die Zucchini waschen, putzen und in etwa 1 cm dicke Scheiben schneiden. In einer Pfanne im Öl zum Braten auf jeder Seite kurz anbraten. Herausnehmen, auf Küchenpapier abtropfen und gut abkühlen lassen.

2 Das gesamte Olivenöl in einem Topf auf 70 °C (Speisethermometer!) erhitzen und Lorbeer sowie Thymianzweige hineingeben. Vom Herd nehmen und ebenfalls abkühlen lassen.

3 Sobald Zucchini und Öl Zimmertemperatur erreicht haben, erst die Zucchini in 2 sterilisierte Schraubgläser schichten. Jedes Glas mit Salz und Pfeffer würzen und mit dem Kräuteröl übergießen. Dabei darauf achten, dass oben eine geschlossene Ölschicht den Glasinhalt bedeckt. Mit sterilisierten Deckeln verschließen und im Kühlschrank aufbewahren. So halten sich die Zucchini etwa 2 Wochen.

FRÜHLINGSZWIEBELN & LAUCH

Egal ob groß oder klein: Die weiß-grünen Stangen haben es in sich. Lauch, wegen des botanischen Namens Allium porreum auch Porree genannt, und Frühlingszwiebeln stammen aus einer Familie.

KLEINE GRÜNE HAUSAPOTHEKEN

Die kleinen Lauchgewächse sind so kalorienarm und gesund wie Zwiebeln, schmecken aber milder. Sie helfen bei Blutarmut, Husten und Heiserkeit, lindern Insektenstiche und Verbrennungen: Denn in Frühlingszwiebeln stecken viele **Schwefelverbindungen** (Sulfide, das sind Duft- und Aromastoffe), die unter anderem eine **keimtötende und antibiotische Wirkung** haben. Diese setzt bereits im Mund ein, weshalb Zwiebeln oft bei leichten Halsinfektionen eingesetzt werden. Im weißen Teil der Frühlingszwiebel stecken **Polyphenole**, welche antioxidativ wirken und einen positiven Einfluss auf schädliche Ablagerungen in unseren Gefäßen und den Blutdruck haben, da sie die Fließeigenschaft des Blutes erhöhen.

Zudem steckt in Frühlingszwiebeln – wie in allen anderen Zwiebeln – viel **Vitamin B, C und E, Kalium** und **Kalzium**, dazu **Eisen** und **Beta-Carotin**.

FRISCH & REGIONAL:

Aus heimischem Anbau bekommen Sie Winter- und Sommerlauch von April bis September, Frühlingszwiebeln gibt es nahezu ganzjährig.

QUALITÄTS-CHECK

Fest und knackig sollen sie sein

Frisch geerntete Lauch- und Frühlingszwiebeln erkennen Sie an festen, frischen Wurzeln. Die Stangen sind knackig, auch die äußeren Blätter sollten fest sitzen und an den Enden nicht welk oder gar rissig und verfärbt sein.

DER STARKE GROSSE BRUDER

Und was kann Lauch? Der schützt Herz und Gefäße. Da er harntreibend wirkt, wird er bei leichten Blasenbeschwerden empfohlen. Viele Menschen verwenden nur den weißen Teil, dabei steckt im Grün die meiste Power: Es ist nährstoffreich und enthält 300-mal so viel **Beta-Carotin** für unsere Augen und das Herz wie der weiße Teil. Außerdem versorgt uns Lauch mit **Vitamin K**, das die Blutgerinnung reguliert. Er ist reich an dem Ballaststoff **Inulin**, dem Lieblingsfutter unserer Darmbakterien.

DIE BESTE ZUBEREITUNG

Lauch immer farblich getrennt kochen

Der weiße Teil der Stangen lässt sich wunderbar schmoren, er entwickelt dabei tolle Zuckerstoffe. Der grüne Teil wird dagegen schnell labbrig und braun, wenn er zu viel Hitze bekommt. Deshalb sollte man ihn immer erst am Schluss dazugeben.

FRÜHLINGSZWIEBELN
IM SCHLAFROCK

FÜR 2 PERSONEN

Nährwerte pro Portion:
ca. 600 kcal, 26 g EW, 44 g F,
20 g KH, 11 g BST

Zutaten

½ Knollensellerie
1 Knoblauchzehe
1 Chilischote
1 Bund Frühlingszwiebeln (8 Stück)
30 ml Öl zum Braten
1 Dose geschälte Tomaten (ca. 200 g)
2 Lorbeerblätter
Salz, Pfeffer aus der Mühle
1 TL Distelöl
200 g Frischkäse (Doppelrahmstufe)
8 Scheiben roher oder gekochter Schinken

1 Den Sellerie putzen, schälen und etwa 3 mm klein würfeln. Knoblauch schälen und fein würfeln. Chili längs halbieren, entkernen, waschen und fein hacken. Frühlingszwiebeln waschen, putzen, den grünen Teil bis auf 6 cm abtrennen und in dünne Ringe schneiden. Die weißen 6-cm-Stücke längs halbieren.

2 Das Öl in einer Pfanne erhitzen und Sellerie, Knoblauch und Chili darin anschwitzen. Die geschälten Tomaten und die Lorbeerblätter dazugeben, alles offen bei schwacher Hitze etwa 10 Minuten köcheln lassen. Mit Salz und Pfeffer würzen. Dann die weißen Frühlingszwiebelhälften darauflegen und auf der Tomatensauce bei schwacher Hitze bissfest garen.

3 Das Frühlingszwiebelgrün mit Distelöl, Salz und Pfeffer unter den Frischkäse rühren. Die Schinkenscheiben nebeneinaner auslegen und mit Frischkäse-Mix bestreichen. Je 2 weiße Frühlingszwiebelhälften aus der Sauce nehmen, auf den Schinken legen und darin kompakt einrollen. Zum Servieren die Tomatensauce auf Teller verteilen und jeweils 4 Röllchen daraufsetzen.

LAUCHQUICHE
MIT SCHINKEN UND SPARGEL

FÜR 1 TARTEFORM
(30 cm Durchmesser; 8 Stücke)

Nährwerte pro Stück:
ca. 500 kcal, 16 g EW, 33 g F, 33 g KH, 2 g BST

Zutaten

Für den Mürbeteig
200 g weiche Butter
300 g Mehl
Salz
1 Ei (Größe M)
Mehl für die Arbeitsfläche
getrocknete Hülsenfrüchte zum Blindbacken

Für die Füllung
150 g Schinkenspeck
½ Gemüsezwiebel
1 Stange Lauch
5 Stangen weißer Spargel
75 ml Weißwein
Salz, Pfeffer aus der Mühle
6 Eier (Größe M)
100 ml Milch (3,8 % Fett)
200 g Schmand
frisch geriebene Muskatnuss

1 Für den Mürbeteig die weiche Butter in einer Rührschüssel mit den Quirlen des Handrührgeräts aufschlagen. Mehl, ½ TL Salz, Ei und 2 bis 3 EL eiskaltes Wasser dazugeben und alles rasch verkneten. Den Mürbeteig zugedeckt kühl stellen, bis die Füllung fertig ist. Den Backofen auf 180 °C (Umluft) vorheizen.

2 Für die Füllung den Speck klein würfeln. Die Zwiebel schälen und in feine Würfel schneiden. Den Lauch putzen, den weißen und grünen Teil trennen, beides längs halbieren und gründlich waschen, dann separat in feine Streifen schneiden. Den Spargel waschen, schälen und in dünne Scheiben schneiden, dabei die holzigen Enden entfernen.

3 Den Speck in einer Pfanne ohne Fett anbraten und auslassen. Die Zwiebel dazugeben und glasig anschwitzen. Die weißen Lauchstreifen und den Spargel hinzufügen und alles mit Wein ablöschen. Mit Salz und Pfeffer würzen. Das Gemüse bissfest köcheln lassen, dann die grünen Lauchstreifen dazugeben, kurz ziehen lassen. Vom Herd nehmen.

4 Den Teig auf der leicht bemehlten Arbeitsfläche ausrollen und die Form damit auskleiden, dabei einen Rand formen. Den Teig mit den Hülsenfrüchten belegen und im Ofen auf der mittleren Schiene etwa 25 Minuten vorbacken. Herausnehmen und auf ein Kuchengitter stellen, die Hülsenfrüchte entfernen. Dabei den Backofen nicht ausschalten!

5 Das Gemüse auf dem vorgebackenen Mürbeteig verteilen. Eier, Milch und Schmand gründlich verrühren und mit Salz und Muskat würzen. Den Guss über dem Gemüse verteilen und die Quiche im Ofen noch 20 Minuten fertig backen. Herausnehmen und kurz abkühlen lassen. Zum Servieren in Stücke schneiden.

ERBSEN & ZUCKERSCHOTEN

Wer in ihnen nur eine langweilige Beilage sieht, unterschätzt die gesunden Kraft-Pakete gewaltig. In den kleinen grünen Hülsenfrüchten wie auch in den Schoten, in denen sie wachsen, stecken viel Genuss und Gesundheit.

KLEINE KRAFTPAKETE

Erbsen enthalten viel **Vitamin A, B und C**. Ihr wertvollstes Potenzial sind jedoch die **Proteine**. Erbsen verfügen über mehr Eiweiß als andere Hülsenfrüchte und sorgen so dafür, dass unser Blutzucker nicht so schnell ansteigt. Außerdem besteht ihre große Stärke darin, dass sie im Gegensatz zu Kartoffeln eben keine Stärke enthalten. Reichlich **Ballaststoffe** tun der Darmflora gut und wirken positiv auf den Cholesterinspiegel.

Zuckerschoten sind das „Erbsen-Kinderzimmer" und punkten dank der essbaren Hülsen mit reichlich **Eisen, Kalium** und **Phosphor**, sind fettarm, voller Ballaststoffe und Antioxidantien.

Erbsen und Zuckerschoten enthalten auch die sekundären Pflanzenstoffe **Saponine**, die durch ihre antioxidative Wirkung das Immunsystem stärken. Zudem wirken sie antibiotisch.

FRISCH & REGIONAL:

Erbsen und Zuckerschoten haben im Sommer Saison.
Von Juni bis September bekommen Sie heimische Erbsen, Zuckerschoten von Juni bis August.

QUALITÄTS-CHECK

Quietschen und knacken muss es

Reibt man Zuckerschoten aneinander, sollen sie quietschen, und knacken, wenn man sie bricht. Zwei gute Zeichen dafür, dass sie frisch sind.

Tiefkühl-Erbsen

Sie haben den Vorteil, dass sie eine tolle Farbe haben, die sie beim Garen auch behalten. Bei frischen Erbsen geht sie etwas verloren. Wenn Sie Erbsen aus dem Tiefkühlfach holen, müssen Sie sie einmal warm abbrausen, um die Eiskristalle zu entfernen.

DIE BESTE ZUBEREITUNG

Der „Reißverschluss" und die Blüte müssen ab

Zuckerschoten haben keine harte Pergamentschicht im Innern. Darum kann man sie im Ganzen essen. Nur die kräftige Faser hinten und der Blütenstiel sollten entfernt werden.

Auch roh ein Genuss

Erbsen und ihre Schoten kann man roh essen, denn sie enthalten kein Phasin (siehe Seite 114).

STARKE PROTEINQUELLE

Vorsicht bei der Menge: Erbsen sind dank des hohen Eiweißgehalts ein idealer Fleischersatz. Aber eben auch echte Kalorienbomben, genau wie die Zuckerschoten.

ERBSENPÜREE
MIT COCKTAILTOMATEN

FÜR 4 PERSONEN ALS BEILAGE

Nährwerte pro Portion:
ca. 240 kcal, 9 g EW, 13 g F,
19 g KH, 8 g BST

Zutaten

400 g tiefgekühlte Erbsen
75 g Gemüsezwiebel
100 g Knollensellerie
50 g Butter
50 ml Weißwein (ersatzweise Apfelsaft)
100 ml Gemüsebrühe
1 Lorbeerblatt
Salz, Pfeffer aus der Mühle
1 EL saure Sahne
12 Cocktailtomaten

1 Die Erbsen in einem Sieb mit heißem (nicht kochendem!) Wasser übergießen und gut abtropfen lassen. Die Zwiebel schälen und fein würfeln. Den Sellerie putzen, schälen und in etwa ½ cm große Würfel schneiden.

2 Die Zwiebel in einer Pfanne in der Butter anschwitzen. Den Sellerie hinzufügen und kurz mitschwitzen. Dann die Erbsen dazugeben und ebenfalls kurz anschwitzen. Alles mit dem Wein ablöschen und mit der Brühe auffüllen. Das Gemüse mit Lorbeer, Salz und Pfeffer würzen und offen so lange köcheln lassen, bis die Flüssigkeit vollständig eingekocht ist.

3 Das Lorbeerblatt entfernen und das Gemüse in einem hohen Rührbecher mit dem Stabmixer fein pürieren. Das Erbsenpüree sollte cremig und frei von Schalen oder Stücken sein. Mit saurer Sahne verfeinern und nochmals abschmecken. Zum Servieren die Tomaten waschen, halbieren und mit dem Püree anrichten.

SOMMERROLLEN
MIT ZUCKERSCHOTEN

FÜR 2 PERSONEN

Nährwerte pro Portion:
ca. 375 kcal, 9 g EW, 1 g F,
78 g KH, 7 g BST

Zutaten
100 g Zuckerschoten
½ Möhre
½ rote Paprikaschote
1 Frühlingszwiebel
1 Schalotte
8 Cocktailtomaten
1 Kopfsalat
½ Bund Koriandergrün
300 ml Apfelsaft
14 Reispapierblätter (aus dem Asialaden)
Salz, Pfeffer aus der Mühle
2 Msp. gemahlener Koriander

1 Die Zuckerschoten waschen und putzen, dabei von der harten Faser hinten und dem Blütenstiel befreien. Die Schoten in feine Streifen schneiden. Die Möhre putzen und schälen. Die Paprika längs halbieren, entkernen und waschen. Die Frühlingszwiebel waschen und putzen. Die Schalotte schälen. Diese Gemüse ebenfalls in feine Streifen schneiden.

2 Die Tomaten waschen und vierteln. Vom Kopfsalat die äußeren Blätter entfernen. Den Salat in die einzelnen Blätter teilen, waschen, trocken schleudern und in mundgerechte Stücke zupfen. Koriander waschen, trocken tupfen und fein schneiden.

3 Den Apfelsaft in einen tiefen Teller füllen und Küchenpapier danebenlegen. Je 1 Reispapierblatt kurz in den Saft legen und anschließend glatt auf dem Küchentuch auslegen. Jeweils 1 Handvoll Gemüsestifte (im Verhältnis 25 % Zuckerschoten zu 75 % Restgemüse) und etwas Salat in die Mitte des Blattes setzenit Salz, Pfeffer und Koriander würzen.

4 Dann die Reispapieraußenseiten über die Füllung klappen, von einer Längsseite aus von unten nach oben rollen, dabei die Füllung kompakt zusammendrücken. Das Reispapier vorsichtig andrücken und auf der Nahtseite auf eine Platte legen.

5 Zum Servieren verschiedene asiatische Dips zu den Rollen reichen – beispielsweise eine scharfe Mangosauce oder einfach eine Sojasauce. Dazu passen auch das American Dressing von Seite 75 oder die Currysauce von Seite 57.

Tipp

Herbstrollen
Steckrüben, bunte Möhren, Birnen oder Kürbis in feine Streifen geschnitten schmecken super in einer herbstlichen Variante der Rollen.

FRIKADELLEN
MIT ERBSEN UND TOMATEN

FÜR 4 PERSONEN

Nährwerte pro Portion:
ca. 725 kcal, 36 g EW, 46 g F, 37 g KH, 11 g BST

Zutaten

300 g tiefgekühlte Erbsen
150 g altbackenes Vollkornbrot (vom Vortag)
150 ml Milch
1 Gemüsezwiebel
3 Knoblauchzehen
8 Tomaten
½ Bund frische Kräuter nach Geschmack (z.B. Thymian, Petersilie, Schnittlauch)
Öl zum Braten
¼ l Gemüse- oder Fleischbrühe
Salz, Pfeffer aus der Mühle
1 Lorbeerblatt
400 g Kalbshackfleisch (ersatzweise vom Rind oder Schwein)
1 EL Paprikapulver
1 EL körniger Senf
2 Eier (Größe M)
50 g Butter

1 Die Erbsen in einem Sieb mit heißem (nicht kochendem!) Wasser übergießen und gut abtropfen lassen. Das Brot klein würfeln und in der Milch einweichen. Zwiebel und Knoblauch schälen und separat fein würfeln. Die Tomaten waschen und klein würfeln, dabei die Stielansätze entfernen. Die Kräuter waschen, trocken tupfen, Blätter abzupfen und fein schneiden.

2 Die Zwiebel in einer Pfanne in 50 ml Öl anschwitzen und den Knoblauch dazugeben. Die Tomatenwürfel dazugeben, alles gut durchschwenken und mit der Brühe ablöschen, mit Salz und Pfeffer würzen. Lorbeerblatt und gehackte Kräuter hinzufügen und alles offen etwa 20 Minuten köcheln lassen. Dann die Erbsen dazugeben und weiter köcheln lassen, bis die Brühe vollständig eingekocht ist. Vom Herd nehmen und abkühlen lassen.

3 Das Hackfleisch in eine große Schüssel geben, mit Salz, Pfeffer, Paprikapulver und Senf würzen und die Eier dazugeben. Das Brot aus der Milch nehmen, ausdrücken und ebenfalls zum Hackfleisch geben. Abgekühlte Erbsenmischung hinzufügen und alles sehr gut verkneten.

4 Von der Erbsen-Hackfleisch-Masse etwa 100 g abnehmen und mit angefeuchteten Händen eine Probe-Frikadelle formen. In der Pfanne in wenig Öl von beiden Seiten gut durchbraten. Falls nötig, nachwürzen.

5 Aus der restlichen Masse noch weitere Frikadellen formen. In der Pfanne in Öl von einer Seite braten, dann 1 Flocke Butter dazugeben, die Frikadellen wenden und die Oberseiten mit Butter beschöpfen. So werden sie außen schön knusprig und innen saftig. Herausnehmen und sofort servieren. Dazu passen knackige Blattsalate oder im Ofen gebackene Tomaten.

ERDBEEREN

Erdbeeren zählen zu den beliebtesten Früchten überhaupt. Obwohl sie botanisch gesehen gar keine Früchte, sondern Scheinnüsse sind. Das rote Fleisch ist nur der Träger für die kleinen gelben Körner, die eigentlichen Früchte.

FRISCH & REGIONAL:
Von Mai/Juni bis August sind Erdbeeren bei uns reif zur Ernte.

SAMPLS LIEBLINGSSORTEN:
‚Mieze Schindler', die Walderdbeere ‚Waldkönigin' oder weiße Erdbeeren

DIE SCHEINNUSS MIT SUPERKRÄFTEN

100 g Erdbeeren enthalten mehr **Vitamin C** als eine mittelgroße Zitrone. Sie sind reich an **Magnesium** und **Kalzium**, also wichtig für unsere Muskeln und Knochen, und an **Folsäure** und **Eisen**, wodurch sie bei Blutarmut unterstützen können. Außerdem ist Folsäure wichtig für die Zellteilung.

Sie verfügen auch über **Salicylsäure**, die Gicht und Rheumabeschwerden lindert, und über **sekundäre Pflanzenstoffe (Flavonoide)**, welche Krebs und Herz-Kreislauf-Erkrankungen vorbeugen können. Zudem wirken Erdbeeren blutdrucksenkend und regen die Nierentätigkeit an.

Trotz dieser Fülle gesunder Inhaltsstoffe sind Erdbeeren zugleich kalorienarm, denn sie bestehen zu einem Großteil aus Wasser. Eine große Portion enthält nicht mehr Kalorien als eine kleine Praline. Man kann also so viele essen, wie man nur schafft. Solange sie ungespritzt sind, sind sie uneingeschränkt gesund.

QUALITÄTS-CHECK

Duft ist nicht alles

Dran riechen kann helfen, muss aber nicht: Es gibt Erdbeersorten, die riechen und schmecken großartig. Aber auch solche, die wunderbar duften, im Geschmack aber einfach nicht so voll sind. Nach dem Geruch alleine sollten Sie nicht einkaufen. Eher nach der Optik. Eine richtig gute Erdbeere ist gleichmäßig rot, glänzt und hat dunkelgrüne Kelchblätter, die weder welk noch eingerollt sind.

DIE BESTE ZUBEREITUNG

Erdbeeren richtig lagern

Wenn man den Platz hat, sollte man Küchenpapier auf einem großen Teller auslegen, die Erdbeeren einzeln darauf platzieren und so an einen kühlen, dunklen Ort stellen. Und ganz wichtig: Die Erdbeeren erst direkt vor der Zubereitung waschen und auch erst nach dem Waschen die Kelchblätter entfernen.

Am besten frisch

Dann enthalten sie all ihre Vitamine. Pur als Zwischenmahlzeit, zum Müsli, in Getränken und Desserts, aber auch als fruchtige Note in Salaten – Erdbeeren sind unglaublich vielseitig.

HALTBARKEIT

Schnell raus aus der Schale

Überreife Erdbeeren sehen matt aus. Setzt sich in der Schale bereits Fruchtsaft ab, waren sie zu lange darin und haben sich gegenseitig zerdrückt. Dies ist der Anfang vom Ende jeder Erdbeere. Denn an Druckstellen faulen und schimmeln sie binnen weniger Stunden. Selbst ohne Macken halten sich Erdbeeren maximal zwei Tage.

RAHMPUDDING
MIT ERDBEERMUS UND KÜRBISKERNEN

FÜR 4 PERSONEN

Nährwerte pro Portion:
ca. 340 kcal, 8 g EW, 26 g F, 18 g KH, 2 g BST

Zutaten
6 Blatt vegane Gelatine
½ Vanilleschote
¼ l Milch (3,8 % Fett)
250 g Sahne
2 EL Zucker
Salz
abgeriebene Schale und Saft von 1 Bio-Zitrone
1 Schale Erdbeeren (250 g)
1 EL flüssiger Honig
1 großer Tropfen Kürbiskernöl
2 EL Kürbiskerne
2 Stängel Zitronenmelisse

1 Die Gelatine in sehr kaltem Wasser einweichen. Die Vanilleschote längs aufschneiden und das Mark herauskratzen. Milch und Sahne in einem Topf mit Vanilleschote und -mark aufkochen. Den Zucker und 1 Prise Salz hinzufügen und alles weiter köcheln lassen. Die Zitronenschale dazugeben.

2 Die Gelatine ausdrücken und in der Sahnemischung unter Rühren auflösen, dabei den Herd ausschalten, damit die Sahne nicht mehr kochen kann. Die Mischung jeweils etwa zwei Drittel hoch auf 4 Dessertgläser verteilen. Den Pudding im Kühlschrank so lange abkühlen lassen, bis die Masse geliert ist.

3 Währenddessen die Erdbeeren putzen, waschen und in kleine Stücke schneiden. Ein paar Stücke zum Garnieren beiseitelegen, den Rest in einen hohen Rührbecher geben. Zitronensaft, Honig und Kürbiskernöl hinzufügen und alles kurz stehen lassen, bis die Erdbeeren Flüssigkeit gezogen haben. Dann mit dem Stabmixer fein pürieren, mit Zucker und Salz abschmecken.

4 Die Kürbiskerne in einer Pfanne ohne Fett hell rösten, herausnehmen und abkühlen lassen. Die Zitronenmelisse waschen, trocken tupfen und die Blätter abzupfen. Das Erdbeermus gleichmäßig auf den Rahmpudding verteilen und mit Kürbiskernen, beiseitegelegten Erdbeeren und Zitronenmelisse garnieren.

Tipp

Auch mit anderen Beeren lecker
Alternativ zu Erdbeeren können Sie das Fruchtmus auch je nach Saison mit Himbeeren oder Blaubeeren beziehungsweise einer Mischung aus den genannten Beeren zubereiten. Das funktioniert genauso wie das Erdbeermus.

ERDBEERSMOOTHIE
MIT PAPRIKA UND TOMATEN

FÜR 4 PERSONEN

Nährwerte pro Portion:
ca. 160 kcal, 2 g EW, 8 g F,
17 g KH, 4 g BST

Zutaten
250 g Erdbeeren
2 rote Spitzpaprikaschoten
½ Salatgurke
1 Stange Staudensellerie, mit Grün
4 Tomaten
1 Apfel
Salz, Pfeffer aus der Mühle
½ TL gemahlener Kreuzkümmel
150 ml Apfelsaft
30 ml Leinöl
5 Zweige Zitronenthymian
Chiliflocken

1 Die Erdbeeren putzen, waschen und in den Mixer geben. Die Spitzpaprika längs halbieren, putzen, waschen und in kleine Stück schneiden. Die Gurke schälen und klein schneiden. Den Sellerie schälen und klein schneiden, das Grün in kaltem Wasser beiseitelegen. Die Tomaten waschen und vierteln, dabei die Stielansätze entfernen. Den Apfel waschen, vierteln, entkernen.

2 Das Gemüse und den Apfel ebenfalls in den Mixer geben und mit Salz, Pfeffer und Kreuzkümmel würzen. Apfelsaft und 25 ml Leinöl hinzufügen und alles auf mittlerer Stufe gut durchmixen.

3 Den Zitronenthymian waschen, trocken tupfen, die Blätter abzupfen und fein hacken. Zum Smoothie geben und jetzt alles auf höchster Stufe noch so lange mixen, bis der Smoothie cremig ist. Zum Servieren auf Gläser verteilen und jeweils mit 1 Tropfen Leinöl und einigen Chiliflocken sowie nach Belieben mit einigen Blättern Selleriegrün garnieren.

EINGEMACHTE ERDBEEREN
MIT GRÜNEM PFEFFER

FÜR 2 GLÄSER (À CA. 400 ML)

Nährwerte pro Portion (¼ Glas):
ca. 100 kcal, 1 g EW, 0 g F,
16 g KH, 1 g BST

Zutaten
1 Bio-Zitrone
100 g Zucker
300 ml Weißwein
1 Zimtstange (am besten Ceylonzimt)
2 Schalen Erdbeeren (á ca. 250 g)
¼ Bund Zitronenmelisse
1 TL eingelegter grüner Pfeffer (aus dem Glas)

1 Die Zitrone waschen, abtrocknen und die Schale in feinen Streifen so abschneiden, dass die weiße Haut nicht mit entfernt wird. Den Zucker in einer Pfanne leicht karamellisieren. Mit dem Wein ablöschen und etwa 5 Minuten einkochen lassen. Dann Zitronenschale und halbierte Zimtstange zum Fond geben und alles weiter köcheln lassen. Anschließend 200 ml Wasser dazugießen und auf die Hälfte einkochen lassen.

2 Inzwischen die Erdbeeren putzen und waschen, auf die sterilisierten Gläser verteilen. Die Melisse waschen, trocken tupfen und samt Stängeln auf die Gläser verteilen - den grünen Pfeffer ebenso. Mit heißem Fond auffüllen, dabei Zimthälften und Zitrone gleichmäßig auf beide Gläser verteilen. Die Gläser mit den Deckeln fest verschließen und umdrehen. Auf dem Kopf stehen lassen, bis sie ausgekühlt sind, dann wieder umdrehen und kühl lagern. Nach 1 Woche sind die Erdbeeren verzehrfertig. Sie schmecken lecker zu Grillgerichten oder auf Spargel. Im Kühlschrank sind sie etwa 4 Wochen haltbar.

FENCHEL

Weiß wie Schnee, mit sattem Grün und einem intensiven Anisaroma: das ist Gemüsefenchel. Er strotzt nur so vor Vitaminen und Mineralstoffen. Und seine eigentlichen Früchte, die Samen, sind etwas ganz Besonderes!

VIEL AROMA – UND NOCH MEHR INNERE WERTE

Fenchel hat viel **Kalium**, das vor Bluthochdruck und Nierensteinen schützt. 100 g Fenchel enthalten fast doppelt so viel **Vitamin C** wie die gleiche Menge Orange und decken unseren kompletten Tagesbedarf an **Beta-Carotin**, das der Körper in **Vitamin A** umwandelt. Damit unser Körper Vitamin A aufnehmen kann, braucht es Fett, zum Beispiel etwas Öl. Außerdem liefert Fenchel **Folsäure**, die wichtig ist für die Zellteilung, und **Eisen** für die Blutbildung. **Kalzium** sorgt für stabile Knochen.

FENCHELSAMEN

Die Samen sind ein anerkanntes pflanzliches Arzneimittel bei Magen-Darm-Beschwerden und Symptomen bei Nahrungsmittelunverträglichkeiten. Denn seine **ätherischen Öle** wirken krampflösend, entzündungshemmend und verdauungsfördernd. Sie bringen die Magen- und Darmmuskulatur in Bewegung und entspannen sie zugleich. Und die kleinen Dinger können noch mehr: Beim Zerkauen wird **Nitrat** freigesetzt. Das weitet die Blutgefäße und fördert die Leistungsfähigkeit der Zellen. Fenchelsamen sind also ein „Mini-Doping". Aber nicht übertreiben: Die Wirkung höherer Dosen ist noch unerforscht. Also täglich maximal drei Tassen Tee oder eine kleine Menge Samen kauen.

FRISCH & REGIONAL:
Von Juni bis September gibt es Fenchel aus heimischem Anbau.

QUALITÄTS-CHECK

Faustgroß soll er sein
Beim Fenchelkauf ist es wichtig, dass das Grün noch dran ist und schön frisch aussieht. Das Grün lässt sich wie Kräuter zum Garnieren verwenden. Die Knolle sollte prall und glänzend sein und maximal faustgroß, dann ist sie auch nicht holzig.

DIE BESTE ZUBEREITUNG

Fenchel ist recht fest und nicht so leicht zu kauen, weswegen er sich, vor allem roh, keiner großen Beliebtheit erfreut. Am besten hobeln oder würfeln Sie ihn fein.

Eine Marinade macht Fenchel mürbe: Durch eine Marinade mit Öl wird er mürbe und zergeht auf der Zunge.

Auch sanfte Wärme macht ihn weich: Damit so viel Vitamin C wie möglich im Fenchel bleibt, sollte man ihn nicht zu lange garen, sondern nur warm übergießen. Auch so wird er weich.

FENCHEL-GEWÜRZMIX
ZUM ÜBERBACKEN

FÜR CA. 10 PORTIONEN

Nährwerte pro Portion:
ca. 105 kcal, 3 g EW, 6 g F,
8 g KH, 2 g BST

Zutaten
120 g zarte Haferflocken
100 g helle Sesamsamen
80 g Fenchelsamen
80 g grobes Salz
abgeriebene Schale von 1 Bio-Zitrone

1 Die Haferflocken und den Sesam in einer Pfanne ohne Fett unter Rühren kurz anrösten, herausnehmen und gut abkühlen lassen. Mit den Fenchelsamen mischen, das Salz sowie die Zitronenschale dazugeben und alles im Blitzhacker oder in der Küchenmaschine sehr fein hacken.

2 Den Mix in einem Schraubglas im Kühlschrank aufbewahren, so hält sich die Mischung 3 bis 4 Wochen. Der Fenchel-Gewürz-Mix eignet sich sehr gut als Kruste für Fisch- oder Fleischgerichte, beispielsweise Hähnchenbrustfilet.

FENCHELSALAT
SÜSS-SAUER MIT APFEL UND GURKE

FÜR 2 PERSONEN

Nährwerte pro Portion:
ca. 520 kcal, 2 g EW, 51 g F,
13 g KH, 3 g BST

Zutaten
1 Fenchelknolle, mit Grün
1 Apfel, ½ Gurke
1 Frühlingszwiebel
100 ml Raps- oder Olivenöl
abgeriebene Schale und Saft von
1 Bio-Zitrone
2 EL Apfelessig
Salz, Pfeffer aus der Mühle

1 Den Fenchel putzen, das Grün abtrennen, waschen, trocken tupfen und fein schneiden. Die Fenchelknolle vierteln, den harten Strunk entfernen und die Viertel auf der Gemüsereibe dünn hobeln oder in dünne Streifen schneiden. Den Apfel waschen, vierteln, entkernen und sehr klein würfeln. Die Gurke waschen, längs halbieren, entkernen und ebenfalls sehr klein würfeln. Die Frühlingszwiebel waschen, putzen und auch sehr klein würfeln.

2 Für das Dressing das Öl in ein Schraubglas geben und die Apfel-, Gurken- und Frühlingszwiebelwürfel hinzufügen. Alles mit Zitronenschale und -saft, Essig, Salz und Pfeffer würzen. Das Glas verschließen und mehrmals kräftig schütteln. Das Dressing über Fenchelstreifen und -grün geben und gut untermischen. Vor dem Servieren den Salat noch mindestens 30 Minuten ziehen lassen, dann auf Teller verteilen.

FENCHELGEMÜSE
MIT KOHLRABI UND PAPRIKA

FÜR 4 PERSONEN ALS BEILAGE

Nährwerte pro Portion:
ca. 70 kcal, 2 g EW, 5 g F,
4 g KH, 2 g BST

Zutaten

150 g Kohlrabi
100 g kleine Tomaten
100 g rote Paprikaschote
150 g Fenchel
½ l Gemüsebrühe
1 Stück Kurkuma (5 g)
7 Fäden Safran
Salz, Pfeffer aus der Mühle
4 TL Schmand

1 Den Kohlrabi putzen, schälen und etwa 5 mm klein würfeln. Die Tomaten waschen und vierteln. Die Paprika längs halbieren, entkernen, waschen und ebenfalls klein würfeln. Den Fenchel putzen, schälen und etwa so groß wie den Kohlrabi würfeln.

2 Die Brühe in einem Topf aufkochen. Die Kurkumawurzel schälen, in dünne Scheiben schneiden und mit den Safranfäden in die Brühe geben. Alles kurz aufkochen, dann die Kohlrabiwürfel hinzufügen und zugedeckt bei schwacher Hitze etwa 10 Minuten fast weich garen. Tomaten und Paprika dazugeben und alles nochmals kurz kochen.

3 Anschließend den Topf vom Herd nehmen und den Fenchel zum Gemüse geben. Gut umrühren und mit Pfeffer und ggf. Salz würzen. Zum Servieren das Gemüse auf Teller verteilen und je 1 TL Schmand daraufsetzen.

SALATGURKEN

Lang und ein bisschen langweilig? Fehlanzeige. Die simple Gurke hat das Zeug zum Superstar. Denn es gibt wenigstens sieben gesunde Gründe, die für viel mehr Gurke auf unseren Tellern sprechen.

DER UNTERSCHÄTZE SUPERSTAR

Gesundheitspunkt 1: Gurken bestehen zu 97 Prozent aus Wasser und sind damit ein idealer Feuchtigkeitsspender. 2: Sie liefern kaum Kalorien. Mit 100 g Gurke „trinken" wir 97 ml Wasser bei nur 12 kcal. Ein Brot mit Butter und Käse enthält mindestens 260 kcal. Wir könnten uns also mit fünf Gurken satt essen. 3: Gurken enthalten **Cucurbitacin**, einen Bitterstoff, der in Maßen gut für uns ist, da er harntreibend wirkt und die Insulinproduktion unterstützt. Vorsicht bei stark bitterem Geschmack: Zu viel Cucurbitacin ist giftig! Das kommt vor allem bei selbst gezogenen Gurken und Zucchini vor. Mehr dazu auf Seite 84.

4: Die meisten Vitamine und Mineralstoffe stecken in der Schale, etwa **Kalzium**, das zur Impulsübertragung bei Nerven und Muskeln gebraucht wird und den Blutdruck senkt. 5: Die Schale enthält reichlich **Ballaststoffe**. Punkt 6: Gurke wird im Magen zu einer Art Gelee und sättigt dadurch lange. **Peptidasen**, das sind Enzyme, die Proteine spalten können, machen Fleisch und Fisch bekömmlicher. Außerdem wirken die Enzyme entzündungshemmend und tun gut bei Rheuma und Gicht.

Und last but not least Nr. 7: Eine Scheibe Gurke mit der Zunge an den Gaumen gepresst, hilft gegen Mundgeruch, denn ihre Enzyme töten Bakterien ab.

FRISCH & REGIONAL:
Von Mai bis September bekommen Sie Gurken aus heimischem Anbau.

QUALITÄTS-CHECK

Fest und knackig
Frische Gurken sind fest, sattgrün und glatt. Ist die Haut „welk" oder sogar runzlig und biegt sich die Gurke, Finger weg! Bei etwa 15 °C halten Gurken einige Tage, im Kühlschrank machen sie schnell schlapp, es ist ihnen dort einfach zu kalt.

DIE BESTE ZUBEREITUNG

Nur die Enden müssen ab
Besonders viele Bitterstoffe liegen am Stiel und am Blütenansatz, weswegen man beide Enden abschneiden sollte, um nicht zu viele davon aufzunehmen. Am Stiel gut zwei Zentimeter.

Die Schale bringt den Geschmack
Gurken aus Bio-Anbau sind meist deutlich geschmacksintensiver, und die Schale ist sicher frei von Pflanzenschutzmitteln.

GURKENGRANITE
MIT WEIZENGRAS

FÜR 4 PERSONEN

Nährwerte pro Portion (ohne Sirup):
ca. 75 kcal, 2 g EW, 1 g F,
14 g KH, 4 g BST

Zutaten

2 Salatgurken, 3 Birnen
1 Bund Weizengras (ersatzweise Zitronenmelisse oder Weizengrassaft)
Zuckersirup nach Bedarf (dafür Zucker und Wasser im Verh. 1 : 1 aufkochen)
Salz

1 Die Salatgurken waschen, putzen und mit dem Entsafter entsaften, ebenso die Birnen und das Weizengras verarbeiten. Die so entstandenen Säfte mischen und mit Zuckersirup nach Geschmack süßen, dann 1 Prise Salz dazugeben.

2 Die Mischung in eine Auflaufform füllen und etwa 1 Stunde im Tiefkühlfach anfrieren lassen. Nach etwa 1 Stunde den angefrorenen Gurken-Birnen-Mix mit einer Gabel oder einem Schneebesen vorsichtig durchrühren – es sollten sich bereits kleine Eiskristalle gebildet haben.

3 Den Mix noch etwa 3 Stunden tiefkühlen, dabei alle 30 Minuten vorsichtig durchrühren. Die Granite in Schälchen servieren.

Tipp

Weizengras
Das Chlorophyll im Weizengras spielt nach derzeitigem Forschungsstand keine gesundheitliche Rolle, aber die vielen Ballaststoffe sind gut für unsere Verdauung. Weizengras schmeckt süßlich.

GURKENRISOTTO
MIT SENF UND DILL

FÜR 2 PERSONEN

Nährwerte pro Portion:
ca. 680 kcal, 1 g EW, 24 g F, 91 g KH, 7 g BST

Zutaten

1 Salatgurke
1 Gemüsezwiebel
30 ml Öl zum Braten
200 g Risotto-Reis
100 ml Weißwein
1 TL körniger Senf
400 ml Gemüsebrühe
Salz, Pfeffer aus der Mühle
3 Stängel Dill
4 TL Schmand

1 Die Gurke waschen, putzen, längs halbieren und entkernen, die Hälften in kleine Würfel schneiden. Die Zwiebel schälen und in feine Würfel schneiden.

2 Wenig Öl in einer Pfanne erhitzen und die Gurkenwürfel darin kurz anbraten. Herausnehmen und beiseitestellen. Die Zwiebel in der gleichen Pfanne im übrigen Öl glasig anschwitzen. Den Risotto-Reis dazugeben und ebenfalls kurz anrösten. Dann alles mit Weißwein ablöschen und den Senf unterrühren.

3 Die Brühe nach und nach dazugießen und immer wieder einkochen lassen. Das Risotto offen bei schwacher Hitze etwa 25 Minuten köcheln lassen, bis der Reis bissfest ist.

4 Die angebratenen Gurkenwürfel wieder zum Risotto geben und alles mit Salz und Pfeffer abschmecken. Den Dill waschen, trocken tupfen, die Spitzen abzupfen und fein schneiden.

5 Zum Servieren den Dill unter das Risotto ziehen und alles nochmals durchrühren. Das Risotto auf tiefe Teller verteilen, je 1 TL Schmand daraufsetzen und mit Dillspitzen garnieren.

Tipp

Gurken bekömmlicher machen
Manche Menschen bekommen von roher Gurke Bauchschmerzen oder Blähungen. Sie sollten das Kerngehäuse und die Schale entfernen.

LAUWARMER GURKENSALAT
MIT HÄHNCHEN UND PILZEN

FÜR 2 PERSONEN

Nährwerte pro Portion:
ca. 565 kcal, 25 g EW, 34 g F, 13 g KH, 5 g BST

Zutaten

Für den Sud
1 Gemüsezwiebel
½ l Gemüsebrühe
40 ml Quittenessig (ersatzweise anderer Fruchtessig; kein Apfelessig!)
1 Handvoll Senfkörner
5 Sternanis
1 EL Zucker
Salz
10 schwarze Pfefferkörner

Außerdem
2 Salatgurken
6 Champignons
30 ml Öl zum Braten
1 Apfel
½ Bund Schnittlauch
½ Grillhähnchen (fertig gebraten; vom Metzger)
Salz, Pfeffer aus der Mühle

1 Für den Sud die Zwiebel schälen und in feine Würfel schneiden. Mit den übrigen Zutaten in einen großen Topf geben und alles einmal aufkochen. Inzwischen die Gurke waschen, putzen und in dünne Scheiben schneiden. Den Sud vom Herd nehmen und die Gurkenscheiben darin etwa 30 Minuten ziehen lassen.

2 Währenddessen die Pilze putzen, falls nötig, trocken abreiben und in mundgerechte Stücke schneiden. In einer Pfanne im Öl kurz anbraten, dann vom Herd nehmen.

3 Den Apfel waschen, vierteln, entkernen und in kleine Würfel schneiden. Schnittlauch waschen, trocken tupfen und in feine Röllchen schneiden. Das Fleisch des Grillhähnchens von den Knochen lösen und in kleinen Stücken in eine Schüssel zupfen.

4 Gurken mit einer Schaumkelle aus dem Sud nehmen und zum Hähnchenfleisch geben. (Achten Sie darauf, dass Sie keinen Sternanis, Senf- oder Pfefferkörner erwischen. Der Sud kann erneut zum Marinieren benutzt werden, auch für andere Gemüse.)

5 Zum Servieren Pilze, Apfelstücke und Schnittlauch ebenfalls dazugeben, alles gut mischen und den Salat nochmals mit Salz und Pfeffer abschmecken. Dann den Salat auf Teller verteilen.

Tipp

Sternanis
Seine ätherischen Öle enthalten hohe Dosen der entzündungshemmenden und schleimlösenden Verbindung Anethol, gut bei Erkältungen. Sternanis fördert außerdem die Verdauung und soll gegen Blähungen und Kopfschmerzen wirken.

BOHNEN

Ob Stangenbohnen oder dicke Bohnenkerne: Die gesunden Hülsenfrüchte enthalten wertvolles pflanzliches Eiweiß, sind ein ausgezeichneter Fleischersatz und auch als Beilage unschlagbare Superhelden in der (sommerlichen) Küche.

FRISCH & REGIONAL:
Bohnen aus heimischem Anbau bekommen Sie von Juni bis November (Brech-/Buschbohnen), Juli bis Oktober (Schnitt-/Stangenbohnen) bzw. Juni und Juli (dicke Bohnen).

SAMPLS LIEBLINGSSORTEN:
Wachsbohnen und Feuerbohnen

DA IST MUSIK DRIN

… und damit ist nicht die Sache mit den „Tönchen" nach den „Böhnchen" gemeint. Zuerst das Wichtigste: Alle Bohnen enthalten **Phasin**, ein Gift, das zu Bauchschmerzen, Fieber und Krämpfen führen kann. Deshalb niemals roh essen.

Dafür liefern Bohnen viele Mineralstoffe, die beim Kochen erhalten bleiben, wie **Kalium**, das für unseren Flüssigkeitshaushalt wichtig ist, **Kalzium** als Baustein für Knochen und Zähne sowie **Magnesium**, das gut für Muskeln und Nerven ist. Schon eine Portion Bohnen deckt den Tagesbedarf an **Folsäure**, unverzichtbar für die Zellteilung und viele Prozesse im Körper.

Gelbe Wachs- und grüne Brechbohnen (auch als Prinzessbohnen oder Buschbohnen bekannt) enthalten viel **Eisen**, das der Körper für den Sauerstoff-Transport benötigt. Kombinieren Sie deshalb Bohnen mit Zutaten, die viel Vitamin C enthalten (siehe Seite 36). In Bohnen steckt außerdem **Zink**, welches unverzichtbar für die Wundheilung ist. Bohnen enthalten außerdem, wie auch Erbsen (siehe Seite 92), wertvolle sekundäre Pflanzenstoffe, die **Saponine**, die zu den Bitterstoffen zählen und gut sind für unser Immunsystem und den Cholesterinspiegel.

QUALITÄTS-CHECK

Wenn sie brechen, sind sie perfekt
Frische Bohnen sollten fest und knackig sein. Wenn sich die Hülsen nicht biegen, sondern glatt abbrechen, sind sie richtig schön frisch. Nicht länger als vier Tage im Gemüsefach lagern, am besten gleich zubereiten oder blanchieren und einfrieren.

Vorsicht bei Bohnen aus dem Glas oder der Dose
Sie enthalten häufig viel Salz und Zucker. Am besten frische oder tiefgekühlte Bohnen verwenden, auch wenn die Vorbereitung etwas aufwendiger ist.

Dicke Bohnen haben im Verhältnis zu ihrer Größe sehr **wenig Kalorien**, aber **viel pflanzliches Eiweiß** und **Ballaststoffe**.

Bohnen enthalten **Purin**, welches im Körper in Harnsäure umgewandelt wird. Darum sollten Menschen, die unter Gicht leiden, bei Bohnen vorsichtig sein.

DIE BESTE ZUBEREITUNG

Ohne Kochen geht nichts

Ob dick oder dünn, frisch oder getrocknet: Bohnen muss man immer wässern oder kochen, weil sie sonst giftig sind. Denn sie enthalten **Phasin**. Wasser schwemmt das Phasin aus und Hitze zerstört es. Frische Bohnen sollte man sogar recht lange kochen, weil sie sonst quietschen.

Pulen lohnt sich

Dicke Bohnen, auch Acker- oder Saubohnen genannt, enthalten wenige Kalorien und viel Eiweiß, schmecken süßlich und sehr nussig. Um an diese Leckerbissen zu gelangen, muss man auch die zweite Schale entfernen, die sehr viele Gerb- und Bitterstoffe enthält. Dazu muss man sie zuerst aus den Hülsen, der Schote, pulen und dann die Hülle um den Bohnenkern herum abpulen. Der zweite Schritt geht am besten, indem man die Kerne kurz in Salzwasser blanchiert und dann kalt abschreckt.

VON DER SCHNELLEN SORTE

Die gelben Wachsbohnen sind am schnellsten gar, da sie viel zarter sind als die bekannteren grünen Brechbohnen.

BOHNENKRAUT

Geschmack und Bekömmlichkeit

Bohnenkraut sollte in keinem Bohnengericht fehlen. Denn es gibt eine wunderbare Würze und macht die Bohnen auch bekömmlicher. In jeder Bohne steckt der Dreifachzucker Raffinose, ein Ballaststoff, den unsere Darmbakterien lieben, bei dessen Zersetzung aber Gase entstehen. Die führen zu Bauchweh und Blähungen. Bohnenkraut verhindert zwar die Entstehung der Gase nicht, entspannt aber unseren Darm, sodass die Gase schmerzfrei abgehen können.

SCHNÜSCH
EINTOPF MIT SCHNITTBOHNEN

FÜR 2 PERSONEN

Nährwerte pro Portion:
ca. 555 kcal, 16 g EW, 26 g F, 56 g KH, 11 g BST

Zutaten

400 g Schnitt-/Stangenbohnen/ breite Bohnen
Salz
1 Gemüsezwiebel
2 Möhren
2 vorwiegend festkochende Kartoffeln
100 g bunte Tomaten
1 Zweig Bohnenkraut
30 ml Öl zum Braten
½ l Milch (3,8 % Fett)
1 Lorbeerblatt
Pfeffer aus der Mühle

1 Die Stangenbohnen waschen, putzen, von den Enden befreien und schräg in mundgerechte Streifen schneiden. Dann in Salzwasser etwa 10 Minuten garen, bis sie beim Bisstest nicht mehr quietschen. Die Bohnen in ein Sieb abgießen, kalt abschrecken, abtropfen und abkühlen lassen.

2 Inzwischen die Zwiebel schälen und fein würfeln. Möhren putzen, schälen und klein würfeln. Kartoffeln putzen, schälen und etwa 1 cm groß würfeln. Die Tomaten waschen und klein würfeln, dabei die Stielansätze entfernen. Bohnenkraut waschen, trocken tupfen, die Blätter abzupfen und fein schneiden.

3 Das Öl in einer Pfanne erhitzen und die Zwiebel darin glasig anschwitzen, dann Möhren- und Kartoffelwürfel dazugeben und rundum goldbraun anrösten. Die bunten Tomaten mit den abgekühlten Bohnen ebenfalls in die Pfanne geben.

4 Anschließend alles mit der Milch ablöschen. Lorbeerblatt sowie Bohnenkraut dazugeben, den Eintopf mit Salz und Pfeffer würzen und nochmals aufkochen. Zum Servieren das Lorbeerblatt wieder entfernen und den Eintopf auf tiefe Teller oder Schalen verteilen.

Tipp

„Quer durch den Garten"
So könnte man „Schnüsch" übersetzen. Der norddeutsche Klassiker enthält viele verschiedene Gemüsesorten, die in Lorbeermilch gegart werden. Wer den vegetarischen Eintopf mit Fleisch servieren möchte, kann Katenschinken dazureichen.

BRECHBOHNENSALAT
MIT MOZZARELLA UND TOMATEN

FÜR 2 PERSONEN

Nährwerte pro Portion:
ca. 600 kcal, 20 g EW, 47 g F, 20 g KH, 8 g BST

Zutaten
300 g grüne (Brech-)Bohnen
300 g gelbe Wachsbohnen
Salz
1 Schalotte
1 Knoblauchzehe
1 Zweig Bohnenkraut
80 ml Apfelessig
1 EL körniger Senf
60 ml Distelöl
Pfeffer aus der Mühle
1 große Kugel Mozzarella
150 g bunte Tomaten

1 Beide Bohnensorten waschen, putzen bzw. von den Enden befreien und in mundgerechte Stücke schneiden. Die grünen Bohnen in Salzwasser etwa 10 Minuten garen, dabei die Wachsbohnen nach etwa 4 Minuten dazugeben und beide Bohnensorten bissfest garen. Sie dürfen beim Bisstest nicht mehr quietschen. Die Bohnen in ein Sieb abgießen und kalt abschrecken, abtropfen und abkühlen lassen.

2 Inzwischen Schalotte und Knoblauch schälen und sehr fein würfeln. Das Bohnenkraut waschen, trocken tupfen, die Blätter abzupfen und fein schneiden. Alles drei mit Essig, Senf und Distelöl in ein Schraubglas geben, mit Salz und Pfeffer würzen. Das Glas verschließen und kräftig schütteln. Das Dressing mit den abgekühlten Bohnen mischen.

3 Den Mozzarella in Würfel schneiden. Die Tomaten waschen und klein würfeln, dabei die Stielansätze entfernen. Beides zu den Bohnen geben, den Salat nochmals gut mischen und abschmecken. Zum Servieren auf Teller verteilen.

DICKE-BOHNEN-MUS
MIT STAUDENSELLERIE

FÜR 4 PERSONEN ALS BEILAGE

Nährwerte pro Portion:
ca. 215 kcal, 11 g EW, 6 g F,
26 g KH, 6 g BST

Zutaten

1,5 kg frische Dicke Bohnen, Salz
1 Gemüsezwiebel
2 Stangen Staudensellerie
3 Zweige Bohnenkraut
5 Stiele Zitronenmelisse
150 ml Apfelsaft
30 ml Zitronenessig
20 ml Rapsöl
1 TL ganzer Kreuzkümmel
Pfeffer aus der Mühle

1 Die Bohnen aus den Hülsen lösen und in einem Topf in Salzwasser etwa 8 Minuten bissfest garen. In ein Sieb abgießen, kalt abschrecken, kurz abkühlen lassen und vorsichtig die Kerne aus den hellen Häuten drücken.

2 Inzwischen die Zwiebel schälen und fein würfeln. Den Sellerie waschen, putzen und etwa 3 mm klein würfeln. Bohnenkraut und Zitronenmelisse waschen, trocken tupfen, die Blätter jeweils abzupfen und fein schneiden.

3 Zwiebel und Sellerie im Apfelsaft serh weich, fast breiähnlich garen. Alles in einen hohen Rührbecher geben und die ausgepulten Bohnenkerne hinzufügen. Essig, Öl, Kreuzkümmel, Bohnenkraut, Zitronenmelisse sowie etwas Salz und Pfeffer dazugeben und alles mit dem Stabmixer cremig pürieren. Das Mus nochmals mit Salz und Pfeffer abschmecken. Es eignet sich gut als Brotaufstrich oder Dip.

TOMATEN

Meist kennen wir sie nur knallrot und kugelrund. Aber von Tomaten gibt es mehr als 600 verschiedene Sorten, in dutzenden Farben und unterschiedlichsten Größen – und mit einzigartigen Aromen. Was sie alle vereint: Ihre vielen wertvollen Inhaltsstoffe.

FRISCH & REGIONAL:
Tomaten im Sommer bitte nur regional! Von April bis Oktober gibt es Tomaten aus heimischem Anbau.

SAMPLS LIEBLINGSSORTEN:
‚Vierländer Platte' ist ein echter Geheimtipp.

DIE VIELSEITIGEN VITAMINBOMBEN

Egal ob groß, klein, rot, gelb oder gestreift – eines haben alle Tomaten gemeinsam: Sie sind sehr gesund. Der hohe Wassergehalt (95 Prozent) der Früchte macht sie kalorienarm, gleichzeitig weisen sie eine hohe Nährstoffdichte auf. Vor allem frische Tomaten haben einen hohen Anteil an Vitaminen: Neben **Vitamin A und E** besonders **B-Vitamine** wie **Folsäure** und reichlich **Vitamin C**. Außerdem enthalten sie **Eisen**, dass in Kombination mit dem Vitamin C gut zugänglich für unseren Körper ist.

Und Tomaten sind reich an **Carotinoiden**, vor allem **Lycopin**. Dieser sekundäre Pflanzenstoff färbt die Tomate gelb oder rot und bekämpft in unserem Körper freie Radikale. Das Tolle am Lycopin: Es wird durch Erhitzen nicht zerstört, die Lycopin-Menge wird beim Kochen sogar noch erhöht.

QUALITÄTS-CHECK

Aufs Kraut kommt es an

Wenn das Kraut an den Tomaten bereits trocken ist, wurden die Früchte wahrscheinlich vor Wochen geerntet und sind alles andere als frisch. Auch von spanischen Tomaten sollten Sie eher die Finger lassen, die werden meist viel zu früh geerntet, damit sie auf dem Transport nicht verfaulen.

Riechen und drücken bringt nichts

Der typische Geruch kommt von den Rispen und nicht von der Frucht. Nur weil die Rispe intensiv nach Tomate duftet, muss die Frucht nicht besonders kräftig schmecken. Auch Drücken bringt nichts: Denn manche Sorten sind reif sehr weich, andere behalten eine eher feste Schale und ein festes Fruchtfleisch.

Dank dieser Kombination aus verschiedenen **Carotinoiden, Flavonoiden und Vitaminen** schützen Tomaten unsere Zellen sogar vor Krebs, unsere Arterien vor Verkalkung und unsere Haut auch noch vor UV-Strahlen.

Je reifer die Tomaten sind, desto mehr wertvolle Stoffe und desto weniger Fruchtsäure enthalten sie, weil diese in Zucker umgewandelt wurde. Das macht sie fruchtig-süß, aromatisch und zudem bekömmlich.

DIE BESTE ZUBEREITUNG

Ein bisschen Öl gehört dazu

Da Lycopin fettlöslich ist, brauchen wir immer etwas Fett, zum Beispiel Olivenöl, um den Stoff optimal aufnehmen zu können.

Kochen oder nicht kochen?

Frische Tomaten enthalten mehr Vitamine. Aber das Erhitzen ist bei Tomaten nicht die schlechtere Wahl: Aus Tomatensaft, -püree und -mark ist Lycopin sogar noch besser verfügbar als aus frischen Tomaten, da die Wärme die Zellwände der Tomaten aufbricht und das gesamte Lycopin der Frucht freisetzt.

REIFETEST

Gehen Sie der Frucht an den Kragen

Schauen Sie genau hin: Ein gutes Zeichen für eine richtig gute Reife ist ein kleiner grüner oder gelber Kragen rund um den Stielansatz. Dann durfte die Tomate lange genug am Strauch bleiben. Ist eine Tomate dagegen gleichmäßig rot, wurde sie wahrscheinlich zu früh geerntet und dann begast, damit sie künstlich nachreift. In dem Fall enthalten sie meist viel weniger gesunde Nährstoffe und schmecken weniger intensiv.

DIE RICHTIGE MENGE

6 mg Lycopin sollte jeder von uns pro Tag zu sich nehmen. Das schaffen wir mit 60 ml Tomatensaft, 50 ml Tomatensauce oder 100 g rohen Tomaten.

KALTE TOMATENSUPPE
MIT PAPRIKA UND APRIKOSEN

FÜR 4 PERSONEN

Nährwerte pro Portion:
ca. 155 kcal, 3 g EW, 8 g F, 15 g KH, 3 g BST

Zutaten
200 g Tomaten
1 gelbe Paprikaschote
5 Aprikosen
1 gelbe Zucchini
1 Zwiebel
30 ml Apfelessig
30 ml Olivenöl
1 EL körniger Senf
1 EL flüssiger Honig
¼ Bund Basilikum
Salz, Pfeffer aus der Mühle

1 Die Tomaten waschen, kreuzweise einritzen und die Stielansätze entfernen. Dann überbrühen, kalt abschrecken, häuten und vierteln. Die Paprika längs halbieren, putzen, waschen und klein würfeln. Die Aprikosen waschen, halbieren, entkernen und in kleine Stück schneiden. Von Paprika und Aprikosen 2 EL zum Garnieren beiseitelegen, den Rest in den Mixer geben.

2 Die Zucchini waschen, putzen und ebenfalls in kleine Stücke schneiden. Die Zwiebel schälen und in sehr feine Würfel schneiden, damit sie im Mixer schneller zerkleinert werden – zu langes Mixen verleiht der Suppe ein unangenehmes Aroma. Zucchini und Zwiebel mit Essig, Öl, Senf und Honig in den Mixer geben und alles auf hoher Stufe sehr fein mixen.

3 Zum Servieren das Basilikum waschen, trocken tupfen und die Blätter abzupfen. Einige Blätter zum Garnieren beiseitelegen, den Rest auch in den Mixer geben. Die Suppe mit Salz und Pfeffer würzen und nochmals kurz durchmixen. Auf tiefe Teller verteilen und mit beiseitegelegten Paprika, Aprikosen und Basilikum garnieren. Nach Belieben mit etwas Olivenöl beträufeln.

Tipp

Tomaten aus dem Glas
Richtig gute Tomaten gibt es nur im Sommer. Das restliche Jahr über kann man ruhig auf Produkte aus dem Glas oder der Dose zurückgreifen, wenn man die Zutatenliste beachtet. Außer Tomaten sollten da weder Salz noch Säuren oder Gewürze zu finden sein. Den Salzgehalt wollen wir selbst in der Hand haben, und würzen möchten wir auch mit dem, was uns schmeckt.

TOMATENKOMPOTT
STATT KETCHUP

FÜR 4 PERSONEN

Nährwerte pro Portion:
ca. 105 kcal, 2 g EW, 8 g F, 5 g KH, 2 g BST

Zutaten
500 g Tomaten
1 Zwiebel
1 Knoblauchzehe
1 Möhre
Öl zum Braten
½ TL ganzer Kreuzkümmel
½ TL Fenchelsamen
30 ml Apfelessig
Salz, Pfeffer aus der Mühle
10 ml Kürbiskernöl

1 Die Tomaten waschen, kreuzweise einritzen, überbrühen, kalt abschrecken und häuten. Zwiebel und Knoblauch schälen und in feine Würfel schneiden. Die Möhre schälen und klein würfeln.

2 Eine Pfanne auf dem Herd erhitzen, das Öl zum Braten hineingeben und Zwiebel und Knoblauch darin anschwitzen. Kreuzkümmel und Fenchelsamen hinzufügen und mitschwitzen. Die Möhrenwürfel dazugeben und mitschwitzen. Die gehäuteten Cocktailtomaten klein schneiden und samt Saft (der sich auf dem Brett gesammelt hat) in die Pfanne geben. Alles mit Essig ablöschen und etwa 15 Minuten köcheln lassen.

3 Die Sauce salzen und pfeffern, dann so lange einkochen lassen, bis eine dickliche Masse entstanden ist. Zuletzt das Kürbiskernöl dazugeben, die Sauce abkühlen lassen und nochmals abschmecken. Das Kompott in sterilisierte Gläser füllen und kühl aufbewahren, es hält sich im Kühlschrank etwa 2 Wochen.

Tipp

Tomatenkauf
Achten Sie auf Bio-Qualität. Denn bei Tomaten aus konventionellem Anbau waren meist die Arbeitsbedingungen vor Ort ungünstig.

TOMATENSAUCE
EINFACH UND KLASSISCH

FÜR 4 PERSONEN

Nährwerte pro Portion:
ca. 100 kcal, 1 g EW, 7 g F, 4 g KH, 2 g BST

Zutaten
1 Zwiebel, 1 Knoblauchzehe
1 Möhre
Öl zum Braten
1 EL Tomatenmark
40 ml Weißwein (ersatzweise Apfelsaft)
2 Dosen stückige Tomaten (á ca. 200 g)
Salz, Pfeffer aus der Mühle
1 EL Olivenöl

1 Zwiebel und Knoblauch schälen und separat in feine Würfel schneiden. Die Möhre schälen und klein würfeln. Das Öl zum Braten in einem Topf erhitzen und die Zwiebel darin glasig schwitzen. Dann den Knoblauch hinzufügen und mitschwitzen. Die Möhrenwürfel dazugeben und mitgaren. Die Hitze etwas reduzieren, das Tomatenmark hinzufügen und kurz mitrösten. Mit Wein ablöschen und komplett einkochen lassen.

2 Anschließend die stückigen Tomaten dazugeben und alles langsam aufkochen. Die Sauce mit Salz und Pfeffer würzen und offen noch etwa 10 Minuten köcheln lassen. Dann im Topf mit dem Stabmixer fein pürieren und nochmals abschmecken. Zuletzt das Olivenöl untermischen und alles gut durchrühren.

KNOBLAUCH

Er riecht streng, ist aber super gesund: Frischer Knoblauch. Der „Duft" kommt durch die Schwefelverbindungen **Allicin und Ajoen**. Sie entstehen, sobald die Zellwände beschädigt werden, zum Beispiel durch Schneiden oder Quetschen. Allicin und Ajoen zählen zu den sekundären Pflanzenstoffen der Sulfide. Sie wirken blutverdünnend und können sogar den Blutdruck senken. Das schützt uns vor Thrombosen, Herz-Kreislauf-Erkrankungen und Schlaganfällen. Vor allem aber bekämpft das Allicin Viren, Bakterien und Pilze. Darum wird Knoblauch auch als natürliches Antibiotikum bezeichnet.

Neben den Schwefelverbindungen steckt in der scharfen Knolle auch der sekundäre Pflanzenstoff **Saponin**. Der soll schlechtes LDL-Cholesterin senken können. Doch dafür muss man eine ganze Menge Knoblauch essen. Mindestens eine große Zehe pro Tag – und das stinkt garantiert. Aber es gibt ein einfaches Mittel gegen die berüchtigte Knofi-Fahne: nämlich bei der Verarbeitung Schadensbegrenzung zu betreiben.

DIE BESTE ZUBEREITUNG

Nur schneiden, nicht quetschen

Die Schwefelverbindungen treten aus, sobald die Zellen zerstört werden. Wichtig ist also, dass wir die Zellen nicht zu stark beschädigen, was zum Beispiel beim Quetschen passiert. Und am wenigsten stinkt Knoblauch, wenn man ihn in Öl konserviert.

QUALITÄTS-CHECK

Frischt schmeckt er besser

Getrockneter Knoblauch hat am wenigsten Aroma, denn beim Trocknen geht viel Geschmack verloren, und es entwickeln sich Bitterstoffe. Das gilt auch für Knoblauchpulver. Frischen Knoblauch erkennt man an einer weißen bis zart violetten Schale. Die Knolle soll frei von Trieben sein. Sobald sich ein oder mehrere grüne Triebe zeigen, schmecken die Zehen wahrscheinlich schon bitter.

Genuss in Maßen

Zu viel Knoblauch kann Übelkeit und Sodbrennen auslösen und die Wirkung blutverdünnender Medikamente verstärken. Eine Überdosis in der Küche ist jedoch sehr unwahrscheinlich.

KNOBLAUCHPASTE

FÜR 1 GLAS (400 ML)
4 Knoblauchknollen
¼ l Rapsöl
3 Pimentkörner
1 Lorbeerblatt
Salz

Nährwerte pro Portion (ca. 25 g):
ca. 50 kcal, 2 g EW, 2 g F,
6 g KH, 1 g BST

1 Die Knoblauchknollen in einzelne Zehen teilen und diese schälen. Diese in einen kleinen Topf geben und so viel Öl hinzufügen, dass alle Zehen davon bedeckt sind. Dann Pimentkörner, Lorbeerblatt sowie 1 Prise Salz dazugeben und alles bei schwacher Hitze etwa 1 Stunde ziehen bzw. confieren lassen (ca. 70 °C; Speisethermometer!).

2 Sobald die Knoblauchzehen weich sind, aus dem Öl nehmen und in einem hohen Rührbecher mit dem Stabmixer fein pürieren. Die Paste in ein Schraubglas füllen, im Kühlschrank hält sie sich etwa 8 Wochen. Auch das Öl können Sie in ein dunkles Glas füllen und für weitere Gerichte als Knoblauchöl verwenden. Die Pimentkörner und das Lorbeerblatt sollten Sie jedoch entfernen.

KNOLLEN- & STAUDENSELLERIE

Ob Stange oder Knolle, Sellerie steckt voller gesunder Inhaltsstoffe. Kein Wunder, handelt es sich doch um eine Jahrhunderte alte Arzneipflanze, die erst seit Kurzem zum Suppenkraut „aufgestiegen" ist.

FRISCH & REGIONAL:
Von Juni bis November gibt es frischen regionalen Knollensellerie, bis März Lagerware. Von Juni bis September gibt es Staudensellerie aus heimischem Anbau.

DER VIELSEITIGE KLASSIKER

Zugegeben: Der Knollensellerie sieht nicht gerade zum Anbeißen lecker aus. Und meist findet er nur als Suppengemüse seinen Weg auf unsere Teller. Damit wird er aber total unterschätzt. Denn die vernachlässigte Knolle ist ausgesprochen gesund und mit 18 kcal pro 100 g äußerst kalorienarm. Günstige Fettsäuren wirken sich positiv auf unseren Cholesterin- und Blutzuckerspiegel aus.

Die gesunde Wirkung von Knollensellerie und auch Staudensellerie ist vielfältig: Beide enthalten **viele Vitamine** (B1, B2, B6, C), **Ballaststoffe** und zudem **Mineralien**, neben Zink, Eisen, Kalzium und Magnesium besonders **Kalium**, welches unseren Blutdruck senken kann und harntreibend wirkt, was die Blasen- und Nierenfunktion unterstützt. Vitamin E wirkt antioxidativ.

Im Sellerie stecken auch viele **sekundäre Pflanzenstoffe**, die als Antioxidantien im Körper wirken und zum Beispiel Entzündungen bekämpfen. Deshalb kann Sellerie Gicht- und Rheumabeschwerden lindern. Es wird sogar daran geforscht, wie das Gemüse Krebstherapien unterstützen kann. Denn das Flavonoid

QUALITÄTS-CHECK

Je kleiner die Knolle, desto aromatischer

Idealerweise kaufen Sie immer eine kleine, aber ganze Sellerieknolle. Denn bei angeschnittenen Stücken wissen Sie nie, wie lange die schon im Gemüseregal liegen. Eine Sellerieknolle sollte noch Blätter haben, die satt grün aussehen und knackig sind. Hat die Knolle keine Blätter mehr, ist die Wahrscheinlichkeit sehr hoch, dass sie bereits relativ alt ist.

Apigenin (ein sekundärer Pflanzenstoff und Farbstoff), das im Staudensellerie zu finden ist, soll nach bisherigen Laborstudien das Wachstum von Krebszellen hemmen können. Außerdem soll Apigenin bei der Bildung neuer Verbindungen zwischen Nervenzellen im Gehirn helfen.

Gerbstoffe und **Polysaccharide** schützen unsere Magenschleimhaut. Die Gerbstoffe können außerdem lindernd bei Sodbrennen wirken.

DIE BESTE ZUBEREITUNG

Je länger er kocht, desto weniger stark schmeckt er

Staudensellerie hat ein sehr intensives Aroma. Wer den Selleriegeschmack mag, lässt die Stückchen nur leicht mitziehen, dann ist er am kräftigsten. Wer den Geschmack nicht so mag, lässt sie ein paar Minuten länger im Topf, dann verschwindet das typische Selleriearoma.

Der Schutzschild schmeckt süß

Wer kein so großer Fan von Knollensellerie ist, kann alternativ die Knolle auch mit Schale im Ofen backen. Dabei karamellisiert der Fruchtzucker unterhalb der Schale. Der Geschmack wird dadurch sehr mild und erinnert gar nicht mehr an Sellerie.

QUALITÄTS-CHECK

Sattgrüne, knackige Stangen

Staudensellerie sollte immer kräftig grün und knackig sein und außerdem noch viele frische Blätter haben. Lässt sich die Stange biegen, ist der Sellerie nicht mehr frisch. Fehlen die Blätter, kann dies ebenfalls ein Zeichen dafür sein, dass das Gemüse nicht mehr frisch ist.
Sellerie gehört ins Gemüsefach des Kühlschranks, dort aufbewahrt bleibt er einige Tage frisch und behält auch seine wertvollen Inhaltsstoffe.

ACHTUNG

Wer allergisch auf Pollen von Birke, Erle oder Haselnuss ist, reagiert häufig auch auf Sellerie.

OFENSELLERIE
MIT APFEL UND KÄSESPÄNEN

FÜR 2 PERSONEN

Nährwerte pro Portion:
ca. 635 kcal, 27 g EW, 47 g F, 19 g KH, 13 g BST

Zutaten
1 kleine Sellerieknolle
30 ml Rapsöl
Salz
1 Apfel (z.B. Finkenwerder Herbstprinz)
1 Frühlingszwiebel
Pfeffer aus der Mühle
Saft von 1 Orange
1 EL Hanföl (ersatzweise Olivenöl)
1 EL Himbeeressig
50 g Kürbiskerne
100 g Hartkäse (am Stück; z.B. Emmentaler oder Bergkäse)

1 Den Backofen auf 160 °C (Ober-/Unterhitze) vorheizen. Backblech mit Backpapier belegen. Sellerieknolle gründlich waschen und abtrocknen. Mit Rapsöl rundum einreiben und mit Salz bestreuen. Auf das Backblech legen und im Ofen auf der mittleren Schiene etwa 1 ½ Stunden garen. Anschließend aus dem Ofen nehmen und samt Schale in mundgerechte Stücke schneiden.

2 Währenddessen den Apfel waschen, vierteln, entkernen und die Viertel in dünne Spalten schneiden. Die Frühlingszwiebel waschen, putzen und in dünne Streifen schneiden.

3 In einer Salatschüssel Sellerie, Apfel und Frühlingszwiebel gut mischen. Alles mit Salz und Pfeffer würzen, danach mit Orangensaft, Hanföl und Himbeeressig marinieren, den Salat kurz ziehen lassen. Zum Servieren den Salat auf Teller verteilen, mit den Kürbiskernen bestreuen und den Käse darüberhobeln.

CREMIGE SELLERIESUPPE
MIT CHAMPIGNONS

FÜR 2 PERSONEN

Nährwerte pro Portion:
ca. 675 kcal, 9 g EW, 56 g F, 18 g KH, 14 g BST

Zutaten

1 kleine Sellerieknolle
50 ml Rapsöl
Salz
1 Gemüsezwiebel
100 g Champignons
100 ml Weißwein
½ l Gemüsebrühe
125 g Sahne
Pfeffer aus der Mühle
abgeriebene Schale und Saft von 1 Bio-Zitrone
1 Schuss Hanföl

1 Den Backofen auf 160 °C (Ober-/Unterhitze) vorheizen. Backblech mit Backpapier belegen. Sellerieknolle gründlich waschen und abtrocknen. Dann mit 30 ml Öl rundum einreiben und mit Salz bestreuen. Auf das Backblech legen und im Ofen auf der mittleren Schiene etwa 1 ½ Stunden garen. Anschließend herausnehmen, vierteln, schälen und in Stücke schneiden.

2 Inzwischen die Zwiebel schälen und fein würfeln. Die Pilze putzen, falls nötig, trocken abreiben und in kleine Würfel schneiden. Das übrige Öl in einem Topf erhitzen und die Zwiebelwürfel sowie die Pilze darin anschwitzen. Mit Weißwein ablöschen, die Selleriestücke hinzufügen und Brühe sowie Sahne dazugießen. Alles einmal aufkochen, dann die Hitze abschalten und alles im Topf mit dem Stabmixer fein pürieren.

3 Zum Servieren die Suppe erst mit Salz und Pfeffer, dann mit Zitronenschale und -saft abschmecken. Zuletzt das Hanföl unterrühren und die Suppe auf tiefe Teller oder Schalen verteilen. Nach Belieben mit Zitronenschale und Hanföl garnieren.

LAUWARMER STAUDENSELLERIESALAT
MIT WEISSEN BOHNEN

FÜR 4 PERSONEN

Nährwerte pro Portion:
ca. 280 kcal, 9 g EW, 18 g F, 16 g KH, 10 g BST

Zutaten
100 g getr. kleine weiße Bohnen
1 Schalotte
1 Knoblauchzehe
1 kleine milde Chilischote
je ½ rote und gelbe Paprikaschote
1 Zweig Rosmarin
3 Zweige Thymian
3 Stangen Staudensellerie
20 ml Rapsöl
700 ml Gemüsebrühe
2 Blutorangen
Salz, Pfeffer aus der Mühle
50 g Walnusskerne

1 Die Bohnen (am besten am Vorabend) in einer Schüssel mit Wasser bedecken und mindestens 12 Stunden einweichen.

2 Am nächsten Tag Schalotte und Knoblauch schälen und separat fein würfeln. Die Chili längs halbieren, entkernen, waschen und in kleine Würfel schneiden. Die Paprikas längs halbieren, entkernen, waschen und ebenfalls klein würfeln. Rosmarin und Thymian waschen, trocken tupfen, die Nadeln bzw. Blätter abzupfen und fein schneiden. Den Sellerie waschen und putzen, die Stangen entfädeln und in kleine Würfel schneiden.

3 Die Schalotte in einem Topf im Öl anschwitzen. Knoblauch sowie Chili dazugeben und ebenfalls anschwitzen. Die Bohnen in ein Sieb abgießen, gut abtropfen lassen und in den Topf geben. Kurz anschwitzen, dann mit Brühe ablöschen und die Bohnen offen bei schwacher Hitze etwa 50 Minuten fast weich garen. Die Flüssigkeit sollte fast vollständig eingekocht sein.

4 Währenddessen die Blutorangen filetieren, dazu die Orangen so großzügig schälen, dass auch die weiße Haut mit entfernt wird. Dann die Filets zwischen den einzelnen Trennhäuten herausschneiden.

5 Nach etwa 50 Minuten Garzeit die Paprikawürfel zu den Bohnen geben und kurz mitgaren. Rosmarin und Thymian hinzufügen, zuletzt die Selleriewürfel untermischen. Wer einen intensiven Selleriegeschmack mag, lässt die Selleriewürfel nur kurz mitgaren. Wer den Geschmack nicht so mag, lässt sie ein paar Minuten länger mitgaren.

6 Zum Servieren das Gemüse vom Herd nehmen, mit Salz und Pfeffer abschmecken und etwas abkühlen lassen. Den Salat noch lauwarm auf Teller verteilen und mit Walnüssen und Blutorangenfilets garnieren.

Tipp

Hülsenfrüchte und Salz
Hülsenfrüchte immer erst nach dem Garen salzen! Ansonsten ist die Garzeit deutlich länger.

TOPINAMBUR

Dieses gar nicht so „exotische" Wurzelgemüse war in Europa weit verbreitet, ehe es durch den Siegeszug der Kartoffel in Vergessenheit geriet. Dabei hat die kleine Knolle der Kartoffel einiges voraus.

DIE DIABETIKER-KARTOFFEL

Topinambur ist mit den Sonnenblumen verwandt. Die Knollen schmecken süßlich nussig und erinnern etwas an Artischocken. Daher kommt auch der alternativer Name „Erdartischocke".

Topinambur wird auch Diabetiker-Kartoffel genannt, denn die Knolle wird wie eine Kartoffel zubereitet, ist aber gesünder. Statt Stärke enthält sie den **Ballaststoff Inulin**, der anders als Stärke von unserem Körper kaum verwertet werden kann. Inulin wirkt präbiotisch, das heißt, es dient im Dickdarm den guten Darmbakterien als Futter. Außerdem quillt Inulin in Magen und Darm auf. Einerseits fühlen wir uns dadurch schneller satt, andererseits werden dadurch andere Nährstoffe langsamer verdaut und unser Blutzucker bleibt konstant.

In Topinambur steckt viel **Kalium** und **Magnesium**, unverzichtbar für unsere Nerven und Muskeln. Außerdem **Kalzium**, das wir für unsere Zähne und Knochen brauchen.

FRISCH & REGIONAL:

Von Oktober bis Mai bekommen Sie Topinambur aus heimischem Anbau.

SORTENVIELFALT:

Wie bei Kartoffeln gibt es die Knollen in verschiedenen Farben von Braun über Blau bis zu Tiefviolett.

QUALITÄTS-CHECK

Faltenfrei sollen sie sein

Frischen Topinambur erkennen Sie daran, dass die Schale nicht runzelig ist und die Knollen schön fest und knackig sind.
Anders als Kartoffeln sind die Knollen nicht sehr lagerfähig. Nach dem Kauf also am besten in ein feuchtes Tuch einschlagen und im Gemüsefach des Kühlschranks nur wenige Tage aufbewahren.

DIE BESTE ZUBEREITUNG

Roh und gegart einfach lecker

Gekocht werden Topinamburknollen wie Kartoffeln: entweder geschält oder sauber abgebürstet und gewaschen mit Schale gegart. Sie eignen sich auch wunderbar für Suppen und Pürees. Anders als die Kartoffel kann Topinambur auch roh gegessen werden, dann kann er allerdings starke Blähungen verursachen, und er schmeckt ungegart leicht bitter.

ACHTUNG

Aufpassen bei Topinambur sollten alle, die eine Fruktose-Intoleranz haben. Den Inulin besteht aus mehreren Fruktose-Bausteinen. Hier besser langsam herantasten!

TOPINAMBURPÜREE
MIT APFEL UND SELLERIE

FÜR 2 PERSONEN

Nährwerte pro Portion:
ca. 390 kcal, 7 g EW, 24 g F,
25 g KH, 23 g BST

Zutaten
300 g Topinambur
Salz
1 Gemüsezwiebel
1 Apfel
50 g Knollensellerie
4 Zweige Thymian
40 g Butter
150 ml Gemüsebrühe
abgeriebene Schale und Saft von ½ Bio-Zitrone
1 EL Olivenöl
Pfeffer aus der Mühle

1 Die Topinamburknollen gründlich mit der Gemüsebürste waschen. Dann im Ganzen samt Schale in Salzwasser offen bei mittlerer Hitze etwa 10 Minuten bissfest garen.

2 Inzwischen die Zwiebel schälen und fein würfeln. Den Apfel waschen, vierteln, entkernen und in kleine Würfel schneiden. Den Sellerie putzen, schälen und in kleine Würfel schneiden. Den Thymian waschen, trocken tupfen, die Blätter abzupfen und fein schneiden.

3 Die Topinambur abgießen und abkühlen lassen, dann schälen und ebenfalls würfeln. Die Butter in einer Pfanne erhitzen und leicht bräunen. Zwiebel-, Apfel- und Selleriewürfel darin anschwitzen. Dann die Topinambur hinzufügen und kurz anbraten.

4 Alles mit Brühe aufgießen und so lange offen köcheln lassen, bis die Flüssigkeit fast vollständig eingekocht ist.

5 Anschließend Zitronenschale und -saft sowie Olivenöl dazugeben, alles mit Salz und Pfeffer abschmecken und mit Thymian verfeinern. Den Mix in der Pfanne mit dem Stabmixer fein pürieren. Das Püree passt gut zu gebratenem Seefisch oder gegrilltem hellen Fleisch.

PAK CHOI

Er sieht ein bisschen aus wie Mangold, eigentlich handelt es sich beim Pak Choi aber um einen Kohl, genauer gesagt um asiatischen Senfkohl. Er schmeckt mild – und liefert wertvolle Inhaltsstoffe.

DER UNBEKANNTE SUPERKOHL

Pak Choi schmeckt angenehm scharf und zugleich süßlich, enthält dabei aber **kaum Kalorien** und **null Fett**. Er schmeckt fast nicht nach Kohl, verfügt aber, wie heimische Kohlsorten (siehe Seite 36) über zahlreiche Mineralstoffe: Viel **Kalzium**, das wichtig für unsere Knochen und Zähne ist, und **Eisen** für die Zellbildung. Reichlich **Folsäure** für das Gehirn. Dazu **Kalium** für unsere Nerven und Muskeln und **Beta-Carotin** für die Augen.

Und er hat mehr Vitamine als alle anderen Kohlsorten: **Vitamin A** und **Beta-Carotin** für Haut und Augen, **Vitamin B** für Stoffwechsel und Nerven. **Vitamin C** stärkt die Abwehrkräfte. **Vitamin E** für den Zellstoffwechsel. **Vitamin K1** für die Blutgerinnung und den Knochenstoffwechsel. Als Mitglied der Kohl-Familie enthält er wertvolle **Senfölglycoside**, die sogar Keime töten können (siehe dazu auch Seite 37).

Ein typischer Kohl also, mit einer besonderen Eigenschaft für Rohkostliebhaber und Menschen mit etwas empfindlicherem Bauch: Da Pak Choi weniger Ballaststoffe hat als andere Kohlsorten, ist er leichter verdaulich.

FRISCH & REGIONAL:
Von Mai bis September gibt es Pak Choi aus heimischem Anbau.

SORTENVIELFALT:
Es gibt auch rotblättrige Sorten.

ÄHNLICHE GEMÜSE:
Chinakohl, Mangold

QUALITÄTS-CHECK

Er sollte klein sein und quietschen
Klein, mit knackicgen Stielen und festen Blättern, so ist er am besten. Je älter der Pak Choi wird, desto faseriger und schwieriger zu verarbeiten wird er. Außerdem nimmt der wunderbare Senfgeschmack ab, je größer er wird.

DIE BESTE ZUBEREITUNG

Auch roh sehr bekömmlich
Pak Choi kann roh in Salaten gegessen werden, dann bleiben all seine wertvollen Inhaltsstoffe erhalten.

Einer von der schnellen Sorte
Perfekt eignet sich der Blätterkohl zum Kurzbraten und Dünsten. Die dicken Stiele von den Blättern trennen, klein schneiden und etwas früher in die Pfanne geben, weil die Garzeit länger ist als bei den Blättern. Die zarten Blätter sind auch toll als Suppeneinlage und generell als würziger Spinatersatz.

PAK-CHOI-GEMÜSE
MIT TOMATEN UND KERNEN

FÜR 2 PERSONEN

Nährwerte pro Portion:
ca. 330 kcal, 5 g EW, 29 g F, 8 g KH, 6 g BST

Zutaten

1 Zwiebel
1 Knoblauchzehe
2 Pak Choi
100 g kleine bunte Tomaten
1 EL Sonnenblumenkerne
40 g Butter
Salz, Pfeffer aus der Mühle
20 ml Sonnenblumenkernöl

1 Zwiebel und Knoblauch schälen und fein würfeln. Pak Choi putzen, Blätter ablösen, waschen und abtropfen lassen. Erst die Blätter von den Stielen und in Streifen schneiden, dann die Stiele in Streifen schneiden. Die Tomaten waschen und vierteln, dabei die Stielansätze entfernen. Die Sonnenblumenkerne hacken.

2 Die Butter in einer Pfanne erhitzen und leicht bräunen, Zwiebel und Knoblauch darin glasig andünsten. Die Pak-Choi-Stiele hinzufügen und anbraten. Die Tomatenviertel sowie die Sonnenblumenkerne dazugeben. Alles mit Salz und Pfeffer würzen und etwa 3 Minuten garen, bis die Pak-Choi-Stiele bissfest sind.

3 Anschließend die Pak-Choi-Blätter und das Öl in die Pfanne geben und alles nochmals gut durchschwenken. Zum Servieren die Gemüsepfanne auf tiefe Schalen oder Teller verteilen.

ÄPFEL

Äpfel, das weiß jeder, liefern Vitamine, im Vergleich zu anderem Obst aber gar nicht besonders viele. Das macht sie aber nicht weniger wertvoll für unsere Ernährung. Welche Superkräfte sich unter ihrer Schale verbergen, verraten wir hier.

FRISCH & REGIONAL:
Von August bis September gibt es eine große Auswahl an heimischen Sorten.

SAMPLS LIEBLINGSSORTEN:
‚Glockenapfel', ‚Gravensteiner', ‚Finkenwerder Herbstprinz'

AN APPLE A DAY KEEPS THE DOCTOR AWAY

Statistisch gesehen isst jeder von uns 125 Äpfel pro Jahr. Was den Apfel zur Superfrucht macht, sind seine **Polyphenole**. Das sind Antioxidantien, die unsere Zellen vor freien Radikalen schützen. Wie gut sie das tun, hat ein Versuch am Max-Rubner-Institut in Karlsruhe gezeigt: Dort wurden die Immunzellen aus dem Blut von sechs Testessern mit einer speziellen Lösung gereizt. Auf diese Weise wurde ein massiver Angriff von freien Radikalen simuliert, nach dem die Zellkerne aussahen wie kleine Kometen, denn sie waren schwer geschädigt. Danach musste jeder Tester 1 kg Äpfel essen. Ein erneuter Bluttest ergab: Die freien Radikale konnten den Zellkernen nichts mehr anhaben. Sie waren rund und makellos – bei allen Testessern.

Alte Apfelsorten liefern übrigens meist mehr Polyphenole als neuere Züchtungen wie die süße Pink Lady oder der säuerlicher Granny Smith. Weil Polyphenole herb bis leicht bitter schmecken, wurden sie bei vielen Sorten herausgezüchtet. Sichtbar werden Polyphenole im sogenannten „Biss-Test": Sie verfärben sich bei Berührung mit Sauerstoff bräunlich.

QUALITÄTS-CHECK

Importäpfel sind nur zum Naschen gut

Zum Backen und Kochen sind die meisten Importäpfel nicht geeignet, da sie wenig Säure haben und damit sofort ihren Geschmack verlieren, sobald sie mit Hitze in Berührung kommen. Darum sollten Sie die süßen Importäpfel maximal roh essen.

Alte Sorten wie der heimische Boskoop enthalten außerdem mehr **Pektine** als viele Neuzüchtungen. Diese unverdaulichen Ballaststoffe halten die Verdauung in Schwung. Sie sind nämlich wasserlöslich und quellen im Darm auf, was das ganze System (wieder) ankurbelt.

DIE BESTE ZUBEREITUNG

Mit Schale schmeckt's süßer

Für ein perfektes Apfelkompott waschen Sie die Äpfel und schneiden nur das Kerngehäuse heraus. Die Schale aber bleibt dran, denn beim Backen karamellisiert direkt unter ihr der Fruchtzucker. Das macht das Kompott süß, und Sie brauchen gar keinen Industriezucker mehr dazugeben. Außerdem stecken die meisten Vitamine unter der Schale.

GESUND SNACKEN

Frische Äpfel sind die beste Wahl

Äpfel haben einen mittleren Fruchtzuckergehalt. Darum ist es absolut in Ordnung, einen kompletten Apfel zu essen. Anders sieht es bei Apfelsaft oder Apfel als Trockenobst aus. Beide haben einen sehr hohen Fruchtzuckergehalt und zählen daher eher als Süßigkeit.

FÜR ALLERGIKER

Durch Kochen werden die Allergie hervorrufenden Eiweißbausteine zerstört oder unschädlich gemacht. Deswegen ist zum Beispiel Apfelmus für die meisten Allergiker gut verträglich.

HERZHAFTE APFELSUPPE
MIT KÜRBIS UND PILZEN

FÜR 4 PERSONEN

Nährwerte pro Portion:
ca. 420 kcal, 9 g EW, 8 g F,
46 g KH, 13 g BST

Zutaten
1 Zwiebel
200 g Pilze (z. B. Kräuterseitlinge)
100 g Knollensellerie
150 g Kürbis (z. B. Hokkaido)
500 g säuerliche Äpfel (z. B. Wellant)
60 g Butter
50 ml Weißwein
50 ml Apfelsaft
1 l Gemüsebrühe
3 Lorbeerblätter
2 Sternanis
Salz, Pfeffer aus der Mühle
4 Scheiben Schwarzbrot (à ca. 60 g)
2 EL gehackter Kerbel

1 Die Zwiebel schälen und fein würfeln. Die Pilze putzen, falls nötig, trocken abreiben und in Würfel schneiden. Den Sellerie putzen, schälen und klein würfeln. Den Kürbis waschen, ggf. schälen (Hokkaido nicht!), entkernen und klein würfeln. Die Äpfel waschen, vierteln, entkernen und in Würfel schneiden.

2 Die Zwiebelwürfel in einem Topf in 50 g Butter anschwitzen. Dann Pilze, Sellerie, Kürbis und Äpfel hinzufügen und andünsten. Alles mit Wein ablöschen und offen so lange köcheln lassen, bis der Wein eingekocht ist. Apfelsaft und Brühe dazugießen, Lorbeer und Sternanis dazugeben. Alles mit Salz und Pfeffer würzen und noch etwa 10 Minuten köcheln lassen, bis Gemüse und Äpfel weich gegart sind.

3 Lorbeer und Sternanis wieder entfernen, alles im Topf mit dem Stabmixer fein pürieren und mit Salz und Pfeffer abschmecken. Das Brot würfeln und in einer Pfanne in der übrigen Butter anrösten. Zum Servieren die Suppe auf tiefe Teller verteilen und mit Kerbel und Brotwürfeln bestreuen.

APFELKOMPOTT
AUS DEM OFEN

FÜR CA. 20 PORTIONEN

Nährwerte pro Portion:
ca. 105 kcal, 1 g EW, 0 g F,
23 g KH, 2 g BST

Zutaten
2 kg Äpfel (z. B. Boskoop oder Wellant)
1,5 l Apfelsaft
2 Zimtstangen
abgeriebene Schale und Saft von 1 Bio-Zitrone

1 Den Backofen auf 180 °C (Umluft) vorheizen. Ein tiefes Backblech oder eine Auflaufform mit Backpapier belegen. Äpfel waschen, vierteln, entkernen und samt Schale auf dem Backblech verteilen. Im Ofen auf der mittleren Schiene etwa 20 Minuten garen. Herausnehmen und beiseitestellen.

2 Den Apfelsaft in einem Topf mit Zimt, Zitronenschale und -saft kurz aufkochen. Die Apfelviertel in kleine Stücke schneiden und zum Saft hinzufügen, die Zimtstangen wieder entfernen.

3 Die Äpfel im Topf mit dem Stabmixer fein pürieren. Das Apfelkompott warm oder abgekühlt servieren.

BLUMENKOHL

Der milde, leicht verdauliche Kohl ist nicht umsonst so beliebt. Wussten Sie, dass es sich bei diesem Gemüse eigentlich um eine Blüte handelt? In den weißen Röschen stecken einige Überraschungen!

FRISCH & REGIONAL:
Ab Mai bis in den Spätherbst hinein bekommen Sie Blumenkohl aus heimischem Anbau.

ÄHNLICHES GEMÜSE:
Romanesco (Seite 38)

DER CHAMPION UNTER DEN KOHLKÖPFEN

Blumenkohl enthält alle Vitamine und Mineralstoffe, die auch in Spitzkohl (siehe Seite 40/41) stecken. 200 g Blumenkohl liefern über 100 mg **Vitamin C**. Damit deckt eine Portion (200 g) Blumenkohl bereits unseren Tagesbedarf an dem Vitamin. Außerdem ist der weiße Kohl reich an **Vitamin C** und **B-Vitaminen** und enthält viele **Ballaststoffe,** aber kaum Kalorien. Zudem liefert er **Vitamin K**, das wichtig für unsere Blutgerinnung ist.

Blumenkohl verfügt außerdem über nennenswerte Mengen an **Magnesium**, ohne das sich unsere Muskeln nie entspannen könnten. Außerdem liefert er uns **Phosphor**, das wichtig ist für unsere Zellen. Typisch für Kohlgemüse versorgt uns der Blumenkohl mit den wertvollen **Senfölglycosiden** (siehe Seite 40/41). Dabei ist der weiße Kopf von allen heimischen Kohlsorten am leichtesten zu verdauen und relativ kalorienarm.

DIE BESTE ZUBEREITUNG

Schonend gegart oder roh

Die Inhaltsstoffe sind hitzeempfindlich. Deshalb sollten Sie die Röschen möglichst schonend und kurz garen, beispielsweise dünsten. Blumenkohl kann man auch roh essen, zum Beispiel fein geschnitten oder geraspelt in Salaten. Bekömmlicher wird Blumenkohl durch Anis, Fenchel oder Kümmel.

QUALITÄTS-CHECK

Mit Grün ist er am besten
Blumenkohl ist meistens frischer, wenn das Grün noch dran ist. Da dieses als allererstes anfängt zu welken, schneiden es viele Händler ab, um den Blumenkohl noch verkaufen zu können, auch wenn er schon älter ist. Die Schnittstelle am Strunk sollte frisch, also nicht ausgetrocknet oder verfärbt sein.

Keine Angst, wenn's bunt wird
Lila oder orangener Blumenkohl ist manchmal auf dem Wochenmarkt erhältlich. Wenn Sie ihn sehen, greifen Sie zu! Er ist nicht genetisch verändert, es handelt sich dabei um eine alte Sorte, die von Natur aus so eine Farbe besitzt.

BLUMENKOHLSALAT
MIT MÖHREN UND FENCHEL

FÜR 2 PERSONEN

Nährwerte pro Portion:
ca. 435 kcal, 9 g EW, 26 g F,
33 g KH, 12 g BST

Zutaten

1 kleiner Blumenkohl
(gern auch in Lila oder Orange)
1 Möhre
1 Apfel
1 kleine Zwiebel
200 ml Apfelsaft
100 ml Apfelessig
50 ml Rapsöl
1 EL körniger Senf
Salz, Pfeffer aus der Mühle
1 TL Fenchelsamen

1 Den Blumenkohl waschen, putzen, in Viertel schneiden und diese auf der Gemüsereibe oder mit einem Messer in feine Streifen schneiden. Die Möhre putzen, schälen und klein würfeln. Den Apfel waschen, vierteln, entkernen und klein würfeln. Die Zwiebel schälen und fein würfeln.

2 In einem Topf Apfelsaft, Essig, Öl und Senf mischen und erhitzen. Sobald die Flüssigkeit kocht, Möhren-, Apfel- und Zwiebelwürfel hinzufügen. Alles mit Salz, Pfeffer und Fenchel würzen und etwa 7 Minuten garen, bis die Möhrenstücke weich sind.

3 Dann die Blumenkohlstücke in eine hitzefeste Schüssel geben. Den Würzfond über den Blumenkohlstücken verteilen und alles mit Backpapier abdecken. Mindestens 1 Stunde, am besten über Nacht, ziehen lassen. Zum Servieren den Salat nochmals abschmecken und auf Teller verteilen.

HOLUNDERBEEREN

Um den Holunderstrauch ranken sich unzählige Legenden: Die Germanen glaubten, in ihm wohne die Schutzgöttin Holder. Ein Holunderbusch dürfe nie gefällt werden, hieß es: Sonst drohe Unheil.

FRISCH & REGIONAL:
Von August bis September können Sie die wilden Holunderbeeren selbst sammeln, die Blütendolden von Mai bis Juli. Holunder-Direktsaft können Sie ganzjährig kaufen.

ZAUBERHAFT VIEL GESUNDHEIT

Seit Jahrhunderten schwören Heilkundler auf Holunder als Hausmittel gegen grippale Infekte. Dass es Unglück bringt, wenn man einen Holunderbusch fällt, ist sicher nur Aberglaube. Aber dass die Früchte bei Halsschmerzen und Schnupfen helfen stimmt, denn sie enthalten sehr viel **Vitamin C**.

Die schwarzen Beeren enthalten viele **Anthocyane** in Form von **Sambucyanin**. Sie gehören zu den Flavonoiden (sekundären Pflanzenstoffen) und geben den Beeren ihre dunkle Farbe. Uns können sie vor Entzündungen und Zellschäden schützen, und sie lindern Schmerzen sowie auch Rheuma- und Osteoporose-Beschwerden.

Die **Gerbstoffe** und **Flavonoide** können Viren und Bakterien hemmen und sogar töten. So schützen uns Holunderbeeren vor Erkältungskrankheiten. Und wenn es einen doch erwischt hat, können sie die Krankheitsdauer um bis zu zwei Tage verkürzen. Holunderbeeren wie auch die Blüten haben eine sehr gute schweißtreibende Wirkung und unterstützen auch das Abhusten. Früher wurde außerdem gerne Holunderblütentee gegen Stress und innere Unruhe getrunken, allerdings gibt es noch keine wissenschaftlichen Beweise für diese Wirkung.

SICHER SAMMELN

Finger weg, wenn's stinkt
Die Beeren des Zwergholunders sehen den Holunderfrüchten täuschend ähnlich. Aber Zwergholunder ist giftig. Deutlich unterscheiden kann man beide an der Wuchsform der Fruchtstände: Beim Zwergholunder wachsen diese aufrecht gen Himmel, beim echten Holunder hängen sie Richtung Boden. Zudem riecht der Zwergholunder sehr streng.

Die Holunderbeeren enthalten viele weitere wertvolle Inhaltsstoffe: **B-Vitamine, Gerbstoffe** und Mineralstoffe wie **Magnesium, Kalium** und **Eisen**.

Kalium und auch das schon genannte **Sambucyanin** wirken harntreibend und sorgen dafür, dass Krankheitserreger schneller ausgespült werden. Darum hilft Holundersaft bei leichten Blasen- und Nierenproblemen.

DIE BESTE ZUBEREITUNG

Niemals roh, aber auch nicht zu heiß

Holunderbeeren darf man nicht roh essen! Denn roh können schon wenige Beeren Bauchkrämpfe, Erbrechen und Durchfall auslösen. In ihnen steckt das Pflanzengift **Sambunigrin**. Um das zu neutralisieren, müssen die Früchte einmal mindestens auf 80°C erhitzt werden. Sie sollten aber nicht kochen, denn dadurch gehen unnötig viele gesunde Inhaltsstoffe verloren.

Kochen neutralisiert das Sambunigrin im Fruchtfleisch und in der Schale, aber nicht im Samen, der in jeder Beere steckt. Darum sollte man die Samen nicht zerkauen oder pürieren. Unzerkaut eingenommen, werden die Samen unverdaut wieder ausgeschieden und richten so keinen Schaden an.

Holunder braucht immer was Süßes

Holunderbeeren und Holundersaft pur schmecken den Wenigsten. Darum haben wir in den Rezepten Äpfel dazugegeben, und auch Möhren liefern noch einmal Süße.

Holunder bringt eine feine Bitternote

Eine Holundersauce passt hervorragend zu Schmorgerichten oder auch zu Wild wie Rehrücken oder Wildgulasch. Und Holunderbeeren sind eine gute Alternative zu Preiselbeeren, da sie noch eine feine Bitternote mitbringen.

HOLUNDERSIRUP

Den Frühling konservieren

Der Sirup aus den hellen Blüten lässt sich ganz einfach selbst herstellen. Ein kleiner Spritzer davon macht Wasser aromatisch, toll für alle, die sich mit dem Trinken schwertun.

- Dazu 20 bis 30 Blütenrispen sammeln und nur vorsichtig ausschütteln, um Insekten zu entfernen – nicht waschen, auf den Pollen befindet sich der meiste Geschmack.
- 1,5 l Wasser mit 2 kg Zucker so lange unter beständigem Rühren erhitzen, bis der Zucker sich aufgelöst hat. Abkühlen lassen, in einen Topf über die Blüten und 500 g Bio-Zitronen (in Scheiben) gießen.
- Vorsichtig umrühren, abkühlen lassen und mehrere Tage im Kühlschrank ziehen lassen. Durchsieben, nochmals kurz aufkochen und in sterilisierte Flaschen füllen.

HOLUNDERBEERSUPPE
MIT MÖHREN UND KURKUMA

FÜR 2 PERSONEN

Nährwerte pro Portion:
ca. 565 kcal, 8 g EW, 44 g F, 29 g KH, 10 g BST

Zutaten

1 Zwiebel
1 walnussgroßes Stück Kurkuma
1 Apfel
2 Möhren
¼ Blumenkohl
150 g Holunderbeeren
50 g Butter
50 ml Apfelessig
½ l Gemüsebrühe
100 ml Holunderbeersaft (Direktsaft)
100 g Sahne
Salz, Pfeffer aus der Mühle

1 Die Zwiebel schälen und fein würfeln. Die Kurkuma schälen und fein hacken (Achtung, färbt stark ab!). Den Apfel waschen, vierteln, entkernen und klein würfeln. Die Möhren waschen, putzen und in Scheiben schneiden. Den Blumenkohl waschen, putzen und in Röschen teilen.

2 Die Holunderbeeren säubern und gut waschen, dann die Beeren von den Rispen zupfen (Achtung, das sollte nicht vor dem Waschen passieren, sonst verschwindet zu viel Aroma im Waschwasser!).

3 Die Butter in einem Topf zerlassen und Zwiebel und Kurkuma darin anschwitzen. Die Apfelstücke dazugeben und kurz anbraten, dann Möhren und Blumenkohl hinzufügen. Alles kurz anbraten, mit Essig und Brühe ablöschen. Den Suppenansatz etwa 20 Minuten garen, bis das Gemüse bissfest ist.

4 Anschließend den Holunderbeersaft dazugießen, alles nochmals kurz aufkochen und die Holunderbeeren hinzufügen. Die Suppe bei schwacher Hitze noch etwa 8 Minuten köcheln, aber nicht mehr kochen lassen, sonst gehen die wertvollen Inhaltsstoffe des Holunders verloren.

5 Zuletzt die Sahne dazugeben und die Suppe mit Salz und Pfeffer abschmecken. Zum Servieren die Suppe auf tiefe Teller oder Schalen verteilen.

Tipp

Direktsaft

Holundersaft kann man selbst machen. Man muss dafür aber auf jeden Fall die Früchte erhitzen. Eine gute Alternative ist fertiger Direktsaft, frei von Zuckerzusatz und mit 100 Prozent Fruchtgehalt. Damit spart man sich ein bisschen Arbeit und die Küche bleibt auch etwas sauberer.

HOLUNDERPUNSCH
MIT BIRNENSAFT

FÜR 6 TASSEN

Nährwerte pro Tasse:
ca. 85 kcal, 3 g EW, 2 g F, 14 g KH, 0 g BST

Zutaten

300 ml Birnensaft
1 Sternanis
4 Pimentkörner
1 Zimtstange
1 Prise Salz
700 ml Holunderbeersaft (Direktsaft)

1 Den Birnensaft in einem Topf aufkochen und alle Gewürze dazugeben. Den Ansatz so lange offen köcheln lassen, bis die Flüssigkeit etwa auf die Hälfte eingekocht ist.

2 Die Hitze reduzieren, die Gewürze wieder entfernen und den Holunderbeersaft dazugeben. Den Punsch nur noch so lange köcheln lassen, bis er eine angenehme Trinktemperatur erreicht hat. Den Mix nach Belieben mit Honig süßen und heiß als Punsch genießen oder abgekühlt mit Mineralwasser mischen.

HOLUNDERSAUCE
MIT LINSEN UND PAPRIKA

FÜR 4 PERSONEN

Nährwerte pro Portion:
ca. 280 kcal, 10 g EW, 13 g F, 23 g KH, 4 g BST

Zutaten

100 g Alb-Linsen (ersatzweise Rote Linsen)
1 Zwiebel
1 Knoblauchzehe
½ Chilischote
1 Fenchelknolle
1 rote Paprikaschote
100 g Holunderbeeren
50 g Butter
1 EL Tomatenmark
150 ml Weißwein (ersatzweise Apfelsaft)
¼ l Holunderbeersaft (Direktsaft)
Salz, Pfeffer aus der Mühle

1 Die Linsen (am besten am Vorabend) in einer Schüssel mit Wasser bedecken und mindestens 12 Stunden einweichen (der Schritt entfällt bei den Roten Linsen). Am nächsten Tag in ein Sieb abgießen und abtropfen lassen.

2 Zwiebel und Knoblauch schälen und fein würfeln. Chili längs halbieren, entkernen, waschen und klein würfeln. Fenchel waschen, putzen und etwa 5 mm klein würfeln. Paprika längs halbieren, entkernen, waschen und klein würfeln. Holunderbeeren säubern, waschen und von den Rispen zupfen (siehe Seite 146).

3 Zwiebel und Knoblauch in einem Topf in der Butter anschwitzen. Chili und Linsen dazugeben und ebenfalls anschwitzen. Das Tomatenmark hinzufügen und kurz mitrösten. Alles mit dem Wein ablöschen und so lange offen köcheln lassen, bis die Flüssigkeit etwa auf die Hälfte eingekocht ist. Dann den Fenchel und die Paprika dazugeben und weich garen.

4 Den Saucenansatz im Topf mit dem Stabmixer fein pürieren. Holunderbeersaft und Holunderbeeren dazugeben und alles noch einmal kurz aufkochen. Zum Servieren die Sauce mit Salz und Pfeffer abschmecken. Sie passt zu Grillkäse, Kalbfleisch oder Wild. Im Kühlschrank ist sie abgedeckt etwa 1 Woche haltbar.

KÜRBIS

Wussten Sie, dass Kürbisse botanisch gesehen zu den Beeren zählen? Sie liefern reichlich wertvolle Inhaltsstoffe sowie gesunde Kerne und bieten eine große Sortenvielfalt. Was alles in den „größten Beeren der Welt“ steckt, erfahren Sie hier.

FRISCH & REGIONAL:
Erntezeit ist je nach Sorte von August bis Oktober. Kürbisse lassen sich bis zum Ende des Winters lagern.

SAMPLS LIEBLINGSSORTEN:
‚Grüner Hokkaido‘ und Spaghettikürbis

DICKE DINGER FÜR DIE SCHLANKE LINIE

Eins verbindet alle Kürbisse: Sie sind super gesund. Egal welche Sorte, sie enthalten viele **Ballaststoffe**, die unsere Verdauung unterstützen, und liefern dabei kaum Kalorien. 100 g entsprechen nur 25 kcal. Die dicken Dinger sind also echte Schlankmacher. Eine Ausnahme gibt es aber: Der beliebte Hokkaido bringt ganze 70 kcal pro 100 g mit. Noch ein guter Grund, mal andere Kürbissorten auszuprobieren.

Kürbisse liefern reichlich **Beta-Carotin**. Das wandelt unser Körper in **Vitamin A** um, welches gut für unsere Augen und unsere Haut ist. Zudem wirken Carotinoide auch antioxidativ und damit krebshemmend im Körper. Damit wir Vitamin A aufnehmen können, muss etwas Fett zum Kürbis.

Das Fruchtfleisch des Spaghettikürbis ist reich an **Kalzium**, gut für Knochen und Zähne, und enthält außerdem viel **Kalium**, das eine wichtige Rolle für unseren Flüssigkeitshaushalt spielt.

QUALITÄTS-CHECK

Ein guter hat immer ne Macke
Ein guter Kürbis hat immer eine Stelle, die ein bisschen heller ist: Auf der hat er gelegen. Dann ist er auf einem Acker und nicht in einem Gewächshaus groß geworden. Beim Kürbiskauf sollten Sie zudem darauf achten, dass der Stiel noch dran und schon gut durchgetrocknet ist. Dann hält er sich ab der Ernte im August bis in den Februar.

Kürbiskerne sind zwar echte Kalorienbomben, aber sie kurbeln auch unsere Serotonin-Produktion an, machen uns also glücklich. Außerdem stecken in ihnen zweifach ungesättigte **Omega-6-Fettsäuren** und **Omega-3-Fettsäuren**, was gut für unseren Blutdruck ist. Das **Kalium** in den Kernen ist dabei noch gut für die Nerven. **Magnesium** entspannt unsere Muskeln.

Kürbiskernöl ist reich an **Vitamin E** und **Linolsäure**, die vor Alzheimer schützen kann. Außerdem lindert es Prostata-Beschwerden, wobei der genaue Wirkmechanismus wissenschaftlich noch nicht geklärt ist.

SORTENVIELFALT

Kräftig orange und groß – so kennt sie jeder. Aber es gibt Kürbisse auch ganz klein, gelb oder gestreift, mit Noppen oder glatter Oberfläche, kugelrund, ovale oder birnenförmig. Jede Sorte schmeckt anders und kann unterschiedlich verwendet werden. Der Hokkaido muss nicht geschält werden, weil die Schale beim Garen weich wird. Thomas empfiehlt aber dringend, auch andere Sorten zu probieren: Der Muskatkürbis schmeckt wunderbar süß und nach Muskat, der Butternut buttrig-nussig. Der Spaghettikürbis trumpft mit langen Fasern auf, die an Spaghetti erinnern. Gern verwendet er auch Sweet Dumpling oder Mandarinen-Kürbisse. Achtung: Zierkürbisse sind nicht essbar!

DIE BESTE ZUBEREITUNG

Gar geht's leichter

Alle Speisekürbisse lassen sich wunderbar roh verzehren. Einen Spaghettikürbis kann man allerdings viel einfacher verarbeiten, wenn er zuvor etwa 40 Minuten im Ganzen bei ca. 180 °C (Umluft) im Ofen gart.

Die Kerne nicht wegwerfen

Kürbiskerne selbst trocknen und rösten ist sehr mühselig, denn man muss das Fruchtfleisch von jedem einzelnen Kern entfernen. Werfen Sie die Kerne trotzdem nicht weg, sondern trocknen Sie sie im Backofen.

KÜRBISKERNÖL

Total unterschätzt

Es harmoniert mit fast allen Gemüsesorten, wir setzen es einfach nur zu wenig ein. Beim Kauf auf dunkle Flaschen und kleine Mengen achten, denn es wird sehr schnell ranzig. Es eignet sich nicht zum Erhitzen, ist aber toll für Salatdressings oder als dunkler Akzent beim Anrichten. Toll ist auch etwas Kürbiskernöl über Erdbeeren – harmoniert super!

GEFÜLLTER OFENKÜRBIS
MIT GRÜNKERN UND MOZZARELLA

FÜR 2 PERSONEN

Nährwerte pro Portion:
ca. 660 kcal, 20 g EW, 42 g F, 42 g KH, 16 g BST

Zutaten

2 EL Grünkern
2 kleine Kürbisse (z. B. Hokkaido, Sweet Dumpling oder Mandarinen-Kürbis)
30 ml Rapsöl
Salz, Pfeffer aus der Mühle
1 Möhre
1 Birne
1 TL Knoblauch
50 g Lauch
2 Stiele Petersilie
1 EL Kürbiskerne
1 TL Currypaste (siehe Seite 57)
1 Büffelmozzarella (125 g)
20 ml Kürbiskernöl

1 Am Vorabend den Grünkern in einer Schüssel mit Wasser bedecken und mindestens 12 Stunden einweichen. Am nächsten Tag in ein Sieb abgießen und abtropfen lassen.

2 Die Kürbisse gut waschen und im oberen Drittel (am Stielansatz) jeweils einen Deckel abschneiden. Faseriges Fruchtfleisch sowie Kerne mit einem Löffel entfernen. Kürbisse innen mit Rapsöl bestreichen, salzen und pfeffern. Backofen auf 180 °C (Umluft) vorheizen. Ein Backblech mit Backpapier belegen.

3 Für die Füllung die Möhre waschen, putzen und klein würfeln. Birne waschen, vierteln, entkernen und klein würfeln. Knoblauch schälen und fein würfeln. Den Lauch waschen, putzen und in kleine Würfel schneiden. Die Petersilie waschen, trocken tupfen, die Blätter abzupfen und fein schneiden. Mit dem Gemüse in eine Schüssel geben. Den eingeweichten Grünkern hinzufügen.

4 Die Kürbiskerne in einer Pfanne ohne Fett kurz anrösten, herausnehmen, abkühlen lassen und grob hacken. Zum Grünkern-Mix geben, alles gut mischen und mit Salz und Pfeffer würzen. Zuletzt die Currypaste unterrühren.

5 Die Füllung auf die Kürbishälften verteilen und nach Belieben die Kürbisdeckel auflegen. Die Kürbishälften auf das Backblech setzen und im Ofen auf der mittleren Schiene etwa 35 Minuten garen. Inzwischen den Mozzarella in Scheiben schneiden.

6 Nach etwa 35 Minuten Garzeit die Kürbishälften mit Kürbiskernöl beträufeln und mit Mozzarellascheiben belegen (dann die Deckel danebensetzen). Alles im Ofen noch etwa 15 Minuten fertig garen, bis der Käse zerlaufen ist. Die Ofenkürbisse aus dem Ofen nehmen und vor dem Servieren kurz abkühlen lassen.

Tipp

Grünkern
Dabei handelt es sich um unreif geernteten Dinkel. Er wird in Öfen mit Buchen- oder Eichenholzfeuer getrocknet und erhält so das charakteristische Räucheraroma.

SPAGHETTIKÜRBIS-SALAT
MIT TOMATEN UND KORIANDERGRÜN

FÜR 4 PERSONEN

Nährwerte pro Portion:
ca. 180 kcal, 6 g EW, 4 g F,
25 g KH, 10 g BST

Zutaten

1 Spaghettikürbis (ca. 1,8 kg)
1 Gemüsezwiebel
5 kleine bunte Tomaten
1 Apfel
1 EL Kürbiskerne
100 ml Gemüsebrühe
1 TL Essig
1 TL Kürbiskernöl
Salz, Pfeffer aus der Mühle
2 EL Koriandergrünblätter

1 Den Backofen auf 180 °C (Umluft) vorheizen. Ein Backblech mit Backpapier belegen. Den Spaghettikürbis mehrmals mit einem großen Messer einstechen, auf das Blech setzen und im Ofen auf der mittleren Schiene etwa 40 Minuten garen.

2 Inzwischen die Zwiebel schälen und fein würfeln. Die Tomaten waschen und klein würfeln. Den Apfel waschen, vierteln, entkernen und in kleine Würfel schneiden. Die Kürbiskerne in einer Pfanne ohne Fett kurz anrösten, herausnehmen, abkühlen lassen und grob hacken. Alle Zutaten in eine Salatschüssel geben und mit Brühe, Essig und Kürbiskernöl marinieren.

3 Den Kürbis aus dem Ofen nehmen und kurz abkühlen lassen, dann halbieren und die inneren feinen Fasern sowie die Kerne mit einem Löffel vorsichtig entfernen. Dann das Fruchtfleisch mit einer Gabel herauskratzen – jetzt wird die Spaghetti-Struktur sichtbar – und zu den Salatzutaten in die Schüssel geben. Alles gut mischen und den Salat etwa 10 Minuten ziehen lassen.

4 Zum Servieren den Salat nochmals mit Salz und Pfeffer abschmecken und auf Teller verteilen. Mit Koriander bestreuen.

Tipp

Kürbiskerne
Frische Kürbiskerne sind weiß. Das hat einen Grund: Der grüne Kern versteckt sich in der weißen Schale. Die muss erst mal ab, und das ist sehr mühsam. Darum ist es völlig ok, geschälte zu kaufen. Aber aus europäischem Anbau sollten sie sein.

QUITTEN

Quitten wachsen wie Birnen und Äpfel als Kernobst an Bäumen und riechen ein bisschen nach Zitrone. Trotz der oberflächlichen Ähnlichkeit mit Äpfeln und Birnen sind sie etwas ganz Besonderes.

STEINHART UND TROTZDEM SEHR GESUND

In Quitten steckten sehr viele **Pektine**. Diese löslichen Ballaststoffe können große Mengen Wasser aufnehmen. Das beschert uns eine gesunde Verdauung und hält unseren Blutzuckerspiegel im Lot. Pektine legen sich auch schützend auf unsere Magen- und Darmschleimhäute. Darum sind Quitten ein altes Hausmittel bei Magen-Darm-Infekten.

Quitten enthalten zudem viel **Folsäure**, ein B-Vitamin, das unsere Zellteilung und Blutbildung unterstützt, und **Zink**, welches sowohl gut für Haare und Nägel als auch unsere Abwehrkräfte ist. Die knallharten Früchtchen liefern viel **Kalium** (knapp 200 mg/100 g), welches die Reizweiterleitung in unseren Nerven und die Kontraktion unserer Muskeln steuert und unseren Wasserhaushalt reguliert. Darum können Quitten auch Nieren- und Blasenprobleme lindern.

In einer Quitte steckt zwar dreimal mehr **Vitamin C** als in Äpfeln und Birnen. Nur beherzt reinbeißen geht bei Quitten leider nicht. Beim unumgänglichen Kochen erledigt sich das mit dem Mehr an Vitamin C dann leider wieder.

FRISCH & REGIONAL:

Von September bis November haben Quitten Saison.

APFEL- ODER BIRNENQUITTE?

Man unterscheidet rundliche Apfel- und längliche Birnenquitten. Apfelquitten schmecken etwas herber als Birnenquitten.

QUALITÄTS-CHECK

Reiben, riechen, kaufen

Durch die beim Reiben entstehende Wärme entfaltet sich das Aroma der Quitte mit seinen fast 150 verschiedenen Facetten so richtig. Es sollte im Bereich zwischen Apfel und Zitrone liegen.

DIE BESTE ZUBEREITUNG

Die richtige Lagerung

Knallhart, aber empfindlich wie rohe Eier: Bekommen Quitten Druckstellen, werden sie schnell schlecht. Reife Früchte bewahrt man am besten im Kühlschrank auf. Auf der Fensterbank reifen zu früh geerntete Quitten noch nach.

Kochen ist ein Muss

Roh sind Quitten ungenießbar, Schale und Fruchtfleisch sind steinhart, die Schale bitter. Deshalb müssen sie vom Kerngehäuse befreit, geschält und gekocht werden. Sie eignen sich für Konfitüre, pikantes oder süßes Kompott oder zum Schmoren.

WÜRZIGES QUITTENKOMPOTT

FÜR 4 PERSONEN

Nährwerte pro Portion:
ca. 405 kcal, 7 g EW, 23 g F,
35 g KH, 14 g BST

ZUTATEN

Für das Kompott
200 ml Fruchtessig mit wenig Säure
100 ml Apfelsaft
2 Lorbeerblätter
1 Zacken Sternanis
2 Pimentkörner
3 Wacholderbeeren
1 weiße Zwiebel
1 Knoblauchzehe
100 g Zucker
Salz, Pfeffer aus der Mühle
2 Apfelquitten

Außerdem
200 g Ricotta
50 ml Distelöl
Salz, Pfeffer aus der Mühle
1 kleines Bund Petersilie
2 rote Paprikaschoten
1 EL Rapsöl

1 Für den Sud in einem Topf Essig, Apfelsaft, 100 ml Wasser und alle Gewürze mischen. Zwiebel und Knoblauch schälen und in breite Streifen schneiden, beides in den Sud geben. Den Sud mit Zucker, Salz und Pfeffer würzen und aufkochen, dann offen bei schwacher Hitze etwa 30 Minuten köcheln lassen.

2 Inzwischen die Quitten gründlich waschen, schälen und vierteln. Stiel- und Blütenansätze sowie die Kerngehäuse herausschneiden. (In dem festen Quittenfleisch geht das am besten mit einem Kugelausstecher.) Die Quittenviertel zum Gewürzsud geben und darin etwa 30 Minuten bissfest köcheln lassen.

3 Währenddessen den Ricotta mit einer Gabel zerdrücken und mit Distelöl, Salz und Pfeffer mischen. Die Petersilie waschen, trocken tupfen, die Blätter abzupfen und fein schneiden. Ebenfalls unter den Ricotta mischen. Die Paprikaschoten längs halbieren, entkernen, waschen und in breite Streifen schneiden. Das Öl in einer Pfanne erhitzen und die Paprika darin anrösten, mit Salz und Pfeffer würzen.

4 Zum Servieren die Quitten aus dem Sud nehmen, in dünne Spalten schneiden und auf Teller verteilen. Mit der gebratenen Paprika und dem Petersilien-Ricotta-Mix anrichten.

Tipp

Gewürzsud öfter verwenden
Denn Sud dazu einmal aufkochen, nachdem die Quitten entnommen wurden. Dann in ein Weckglas füllen. Fest verschließen und kühl stellen. So hält er einige Tage.

QUITTENFLAMMKUCHEN
MIT SCHMORGURKEN UND LACHS

FÜR 4 PERSONEN

Nährwerte pro Portion:
ca. 545 kcal, 22 g EW, 29 g F, 45 g KH, 9 g BST

Zutaten

1 Apfelquitten
Saft von 1 Zitrone
1 EL Rübensirup
1 EL Distelöl
Salz, Pfeffer aus der Mühle
1 Schmorgurke
250 g Frischkäse (Doppelrahmstufe)
1 Eigelb
50 g saure Sahne
1 fertiger Flammkuchenteig (240 g; aus dem Kühlregal; mit Backpapier; am besten in Bio-Qualität)
1 rote Zwiebel
200 g geräucherter Lachs (in dünnen Scheiben)

1 Die Quitten gründlich waschen, schälen und vierteln. Stiel- und Blütenansätze sowie die Kerngehäuse herausschneiden. Die Quitten in sehr kleine Würfel schneiden. Eine Schüssel mit kaltem Wasser und Zitronensaft füllen und die Quittenwürfel sofort hineingeben, damit sie sich nicht bräunlich verfärben.

2 Für die Marinade in einem tiefen Teller den Rübensirup und das Distelöl mischen, mit Salz und Pfeffer würzen. Die Quittenwürfel mit einem Sieb oder einer Schaumkelle aus dem Zitronenwasser nehmen, kurz abtropfen lassen und in die Sirup-Öl-Marinade geben. Alle Würfel gut mit der Marinade benetzen.

3 Den Backofen auf 220 °C (Ober-/Unterhitze) vorheizen. Die Gurke putzen, schälen, ggf. entkernen (siehe Tipp Seite 108) und in dünne Scheiben schneiden. Mit Salz bestreuen und etwa 15 Minuten Wasser ziehen lassen. Den Frischkäse mit Eigelb, saurer Sahne, Salz und Pfeffer verrühren.

4 Den Flammkuchenteig auf einem Backblech entrollen und mit dem Frischkäse-Mix bestreichen. Die Schmorgurken abtropfen lassen, trocken tupfen und auf dem Flammkuchen verteilen. Die marinierten Quittenwürfel abtropfen lassen und ebenfalls auf den Flammkuchen geben. Den Flammkuchen im Ofen etwa 12 Minuten backen, bis der Teig knusprig ist und die Quittenwürfel bissfest sind.

5 Inzwischen die Zwiebel schälen und in dünne Ringe schneiden. Den Lachs in kleinere Streifen zupfen. Zum Servieren den Flammkuchen aus dem Ofen nehmen und mit den Zwiebelringen und den Lachsstreifen locker belegen. In vier Stücke schneiden und auf Teller setzen.

Tipp

Zitrone gegen braune Flecken
Beim Schneiden verfärben sich Quitten leicht bräunlich, man nennt das enzymatische Bräune. Dies lässt sich vermeiden, indem Sie die Stücke bis zur Weiterverarbeitung in eine Schüssel mit Wasser und Zitronensaft geben.

MEERRETTICH

Meerrettich wird auch das „Penicillin der Bauern" genannt, und ist ein anerkanntes pflanzliches Heilmittel bei Blasen- und Harnwegserkrankungen. Denn die Scharfstoffe des Meerrettichs wirken gegen Bakterien und Viren. Sie werden vor allem über die Nieren ausgeschieden und lagern sich in der Blasenschleimhaut an. Krankheitserreger können so schneller ausgeschieden werden. Diese Scharfstoffe sind **Senfölglycoside** aus der Gruppe der sekundären Pflanzenstoffe, die auch entzündungshemmend und schmerzlindernd wirken. Aber erst wenn sie auf das Pflanzenenzym **Myrosinase** treffen.

Das tolle am Meerrettich: Er hat beides, die Senföle und die Enzyme. Sobald wir ihn schneiden oder reiben, setzen wir die Enzyme frei. Seine Senföle machen die blasse Wurzel auch zu einem guten Hausmittel, mit dem man Erkältungen vorbeugen und Schmerzen lindern kann. Denn die Schärfe regt unseren Stoffwechsel und unsere Durchblutung an. Neben Senfölen steckt im Meerrettich auch viel **Kalium**. Das ist wichtig für unser Herz und unsere Nerven.

QUALITÄTS-CHECK

Am Stück am besten
Meerrettich sollten Sie immer ungewaschen und am Stück kaufen. Dann das benötigte Stück abschneiden und den Rest in ein Küchenpapier eingewickelt in den Kühlschrank legen. Noch besser und länger hält er, wenn Sie ihn wieder in Erde einbuddeln – sei es im Beet oder Blumenkasten.

MEERETTICHSIRUP

Hausmittel gegen Husten
Ein selbst gemachter Sirup aus frisch geriebenem Meerrettich und Honig ist ein sehr wirkungsvolles Hausmittel gegen Husten. Vorsichtig sollten jedoch alle sein, die Nieren-, Magenschleimhaut- oder Speiseröhrenprobleme haben, denn zu viel Meerrettich kann unsere Schleimhäute, den Rachen und die Speiseröhre reizen.

Und so geht's: Ein etwa 5 cm langes Stück Meerrettich schälen, reiben und in ein Schraubglas geben. Dazu 4 EL Honig geben. Das Schraubglas schließen und mindestens 1 Stunde, besser über Nacht ziehen lassen. Bei einer akuten Erkältung kann man davon bis zu 4 TL täglich einnehmen, zur Vorbeugung reicht 1 TL pro Tag.

MEERRETTICHGRILLSAUCE

FÜR CA. 350 ML

1 kleine weiße Zwiebel
1 Knoblauchzehe
100 g Tomaten
½ rote Spitzpaprikaschote
1 daumenbreites Stück Meerrettich
1 EL Rapsöl
1 TL Kreuzkümmelsamen
1 TL Schwarzkümmelsamen
1 Spritzer Apfelessig
100–150 ml Birnensaft
1 Dose Tomaten (ca. 200 g)
Salz, Pfeffer aus der Mühle

Nährwerte pro Portion (ca. 50 g):
ca. 35 kcal, 1 g EW, 2 g F,
4 g KH, 1 g BST

1 Zwiebel und Knoblauch schälen und fein würfeln. Die Tomaten waschen und sehr klein würfeln, dabei die Stielansätze entfernen. Die Spitzpaprika längs halbieren, entkernen, waschen und klein würfeln. Den Meerrettich schälen und fein reiben.

2 Zwiebel und Knoblauch in einem Topf im Öl glasig andünsten, dann Kreuz- und Schwarzkümmel dazugeben und kurz anrösten. Die Tomaten- und Paprikawürfel hinzufügen und kurz mitrösten, alles mit Essig würzen. Birnensaft und Dosentomaten dazugeben. Den Saucenansatz offen bei schwacher Hitze etwa 20 Minuten köcheln lassen. Dann mit Salz und Pfeffer würzen.

3 Die Sauce vom Herd nehmen und etwas abkühlen lassen. Den Meerrettich unterrühren und alles ziehen lassen – je länger, desto schärfer wird die Grillsauce. Gekühlt hält sie etwa 5 Tage.

BIRNEN

Eigentlich soll man Äpfel und Birnen ja nicht vergleichen, wir machen es trotzdem, denn die süßen und milden Verwandten stecken voller Geschmack und wertvoller Inhaltsstoffe.

FRISCH & REGIONAL:
Von August bis November finden Sie eine große Auswahl an Birnen aus heimischem Anbau.

SAMPLS LIEBLINGSSORTEN:
‚Clapps Liebling', ‚Abate Fetel', ‚Gute Luise', ‚Conference'

SANFT UND SÜSS

Weniger Säure, dafür besser für die Verdauung. Birnen enthalten **weniger Fruchtsäure**, aber eben so viel Zucker wie Äpfel. Dass macht Birnen nicht nur wunderbar süß, sondern auch für Babys und für Menschen mit empfindlichem Magen-Darm-Trakt verträglicher – vorausgesetzt, die Früchtchen sind reif. Zudem sind sie schonend für die Zähne. Durch ihre vielen **Ballaststoffen** machen Birnen außerdem schnell satt und fördern zugleich die Verdauung.

Birnen liefern wichtige Mineralstoffe wie **Eisen** und **Kalium**. Kalium wirkt entwässernd und tut den Nieren sowie der Blase gut. Außerdem enthalten Birnen **Kalzium**, **Magnesium**, **Kupfer**, **Phosphor** und **Zink**.

Birnen sind zwar im Vergleich zu Orangen oder Zitronen keine Vitaminbomben, aber in ihnen stecken doch wertvolle Vitamine: Das **Vitamin C** einer Birne deckt immerhin etwa sieben Prozent des Tagesbedarfs eines Erwachsenen. Dann stecken in Birnen noch **B-Vitamine**, besonders unter der Schale: Diese brauchen wir für Haare, Haut, Nägel und für unseren Zellstoffwechsel.

QUALITÄTS-CHECK

Fest sollen sie sein und duften
Birnen sollten fest sein, schön duften und einen leichten Gelb- oder Grünton aufweisen. Sobald man eine Birne stark eindrücken kann, ist sie meist schon überreif. Sie sollte bei Fingerdruck nur minimal nachgeben.

Darunter **Folsäure**, ein Vitamin des B-Komplexes, das wir für die Blut- und Zellbildung brauchen, und weitere B-Vitamine für den Aufbau von Glückshormonen.

Außerdem sind die Farbstoffe in der Schale wertvolle **Flavonoide** (sekundäre Pflanzenstoffe), die mit einem verringerten Risiko für bestimmte Krebsarten und Herz-Kreislauf-Krankheiten in Verbindung gebracht werden.

DIE BESTE ZUBEREITUNG

Aber bitte mit Schale

Birnen sollte man immer mit Schale essen oder kochen. Gekocht ergeben sie eine ideale Schonkost.

RICHTIG LAGERN

Gut gekühlt

Wer eine große Menge Birnen kauft, sollte den größten Teil im Kühlschrank lagern und nur den Bedarf für die nächsten ein bis zwei Tage in die Obstschale legen. So lassen sich zu viele reife Früchte verhindern.

DIE VERWANDTSCHAFT

Die Birne ist übrigens ein Kernobst und gehört wie auch Äpfel, Aprikosen und Mandeln zur Familie der Rosengewächse.

BIRNEN-OFENSELLERIE-SALAT
MIT LEINSAMEN UND FELDSALAT

FÜR 2 PERSONEN

Nährwerte pro Portion:
ca. 510 kcal, 9 g EW, 39 g F, 25 g KH, 15 g BST

Zutaten

1 kleiner Knollensellerie
50 ml Rapsöl
Salz
150 g Tomaten
¼ Fenchelknolle
1 Frühlingszwiebel
Pfeffer aus der Mühle
250 g Feldsalat
2 Birnen
1 EL körniger Senf
2 EL Himbeeressig
2 EL Leinöl
½ Bund Petersilie
1 EL Leinsamen

1 Den Backofen auf 170 °C (Ober-/Unterhitze) vorheizen. Ein Backblech mit Backpapier belegen. Die Sellerieknolle gründlich waschen und abtrocknen. Dann mit 30 ml Rapsöl rundum einreiben und mit Salz bestreuen. Auf das Backblech setzen und im Ofen auf der mittleren Schiene etwa 50 Minuten garen.

2 Inzwischen die Tomaten waschen und sehr klein würfeln, dabei die Stielansätze entfernen. Den Fenchel waschen, putzen und in sehr kleine Würfel schneiden. Die Frühlingszwiebel waschen, putzen und in dünne Ringe schneiden. Alle drei Gemüse in einer Schüssel mischen, mit Salz und Pfeffer würzen.

3 Den Feldsalat verlesen, waschen und trocken schleudern. Die Birnen waschen, vierteln, entkernen und jedes Viertel in 3 Spalten schneiden (1 Birne sollte etwa 12 Segmente ergeben).

4 Den Sellerie aus dem Ofen nehmen und abkühlen lassen, dann in Spalten schneiden – am besten ähnlich groß wie die Birnenspalten. Für das Dressing Senf, Himbeeressig und Leinöl verrühren (etwas Leinöl für den Feldsalat beiseitestellen), mit Sellerie und Birnen mischen und mit Salz und Pfeffer würzen. Den Tomaten-Fenchel-Mix unterheben. Petersilie waschen, trocken tupfen, Blätter abzupfen und schneiden. Zum Salat geben.

5 Zum Servieren den Leinsamen in einer Pfanne ohne Fett kurz rösten, herausnehmen und abkühlen lassen. Mit dem Feldsalat und dem beiseitegestellten Leinöl mischen und mit Salz und Pfeffer würzen. Den Birnen-Sellerie-Salat auf Teller verteilen und mit dem Feldsalat garnieren.

Tipp

Leinsamen
Sie bestehen zu 25 Prozent aus Ballaststoffen und sind daher gut für unsere Verdauung, regulieren den Blutzucker- und Cholesterinspiegel sowie das Herz-Kreislauf-System.

BIRNEN-KARTOFFEL-KOMPOTT
AUF FETA MIT GRÜNKOHL

FÜR 4 PERSONEN

Nährwerte pro Portion:
ca. 605 kcal, 22 g EW, 37 g F,
42 g KH, 8 g BST

Zutaten

300 g vorwiegend festkochende Kartoffeln
4 bunte Möhren (keine lila Möhren)
1 Zwiebel
1 Knoblauchzehe
2 Birnen
½ l Gemüsebrühe
½ l Birnensaft
1 Lorbeerblatt
100 g Oliven (entsteint)
¼ Bund Kerbel
Salz, Pfeffer aus der Mühle
2 EL Olivenöl
1 Bund Palm- oder Grünkohl
1 EL körniger Senf
2 EL Apfelessig
4 Scheiben Feta (Schafskäse; á ca. 100 g)
1 EL geröstete Sonnenblumenkerne

1 Die Kartoffeln schälen, waschen und klein würfeln. Die Möhren putzen, schälen und ebenfalls klein würfeln. Zwiebel und Knoblauch schälen und fein würfeln. Die Birnen waschen, vierteln, entkernen und klein würfeln.

2 Brühe und Birnensaft in einem Topf aufkochen und das Lorbeerblatt hinzufügen. Nacheinander Kartoffeln und Möhren in die Brühe geben und darin offen bei schwacher Hitze etwa 20 Minuten fast bissfest garen.

3 Dann Zwiebel und Knoblauch hinzufügen und kurz mitköcheln. Der Sud sollte jetzt schon relativ stark eingekocht sein. Zuletzt die Birnen zum Sud geben und alles noch so lange einkochen lassen, bis der Sud etwas sämig geworden ist. Vom Herd nehmen und abkühlen lassen.

4 Inzwischen die Oliven klein würfeln. Den Kerbel waschen, trocken tupfen, die Blätter abzupfen und fein schneiden. Sobald das Kompott etwas abgekühlt ist, die Oliven und den Kerbel untermischen und mit Salz, Pfeffer und 1 EL Olivenöl würzen.

5 Den Palm- oder Grünkohl waschen, putzen, den harten Strunk entfernen und die Blätter in kleine Stücke schneiden. Mit Salz, Pfeffer, Senf, Essig und übrigem Olivenöl mischen und gut durchkneten (siehe Tipp Seite 37). Kurz ziehen lassen.

6 Zum Servieren je 1 Scheibe Feta auf einen Teller geben, mit dem Kompott belegen und etwas Fond danebentröpfeln. Zuletzt den Palmkohl auf das Kompott geben und alles mit den Sonnenblumenkernen garnieren.

WALNÜSSE

Jetzt gibt's noch was auf die Nuss – auf die Walnuss. Superfood, Nervennahrung, Studentenfutter: Nüsse haben viele sprechende Namen. Unser Liebling ist die Walnuss, denn sie ist lecker, gesund – und sie macht schlau. Wenn auch nicht jeden ...

HARTE SCHALE – WERTVOLLER KERN

Zur Wirkung auf die Intelligenz gleich noch mehr. Erst mal schauen wir auf die anderen inneren Werte: Walnüsse bestehen zu 60 Prozent aus Fett, wovon wiederum zwei Drittel die wertvollen mehrfach ungesättigten Fettsäuren bestreiten. Genauer gesagt **Alpha-Linolsäure**. Diese hält all unsere Zellen elastisch, senkt unseren Blutdruck und schützt unser Herz. In 100 g Walnüssen stecken 7,5 g Alpha-Linolsäure, keine andere Nuss verfügt über so viel. Auch Walnussöl ist demnach reich an dieser pflanzlichen Omega-3-Fettsäure.

Durch ihr Fett sind sie richtige Kalorienbomben, aber als Dickmacher gelten sie trotzdem nicht unbedingt. Denn Walnüsse zügeln unsere Lust auf Fettes und Süßes. Wer also statt Chips und Schokolade eine Handvoll Walnusskerne nascht, muss keine Extra-Kilos befürchten.

In den goldgelben Kernen steckt viel **Vitamin E** und **Kalium**. Ersteres schützt unsere Zellen vor freien Radikalen und lindert außerdem Entzündungen. Und Kalium ist wichtig für unsere Muskeln und Nerven.

QUALITÄTS-CHECK

Beim Schütteln darf's nicht klackern

Maximal ein Jahr nach der Ernte gelten Walnüsse noch als frisch. Wenn man eine Walnuss in der Schale schüttelt, soll sie nicht klackern. Tut sie es doch, ist sie wahrscheinlich schon älter und in der Schale geschrumpft. Je lauter sie klackert, desto höher ist die Wahrscheinlichkeit, dass sie ranzig geworden ist.

Die großen Kerne sehen nicht nur aus wie kleine Gehirne, in ihnen stecken auch vitaminähnliche Substanzen, die unser Gehirn braucht: **Cholin** und **Lecithin**. Eine US-Studie hat gezeigt, dass Studenten nach dem Essen von Walnüssen schneller denken und kombinieren konnten. Allerdings nur die Blitzgescheiten. Walnüsse machen also nicht jeden schlau, sondern nur die Schlauen noch schlauer.

DIE BESTE ZUBEREITUNG

Nüsse immer heiß und trocken anrösten

Wenn man Nüsse mit Fett in die Pfanne gibt und anröstet, saugen sie das gesamte Fett wie kleine Schwämme auf und werden nicht mehr knusprig. Deshalb empfiehlt es sich, sie nur trocken, also in einer Pfanne ohne Fett, anzurösten.

GESCHMACK

Auf die Herkunft kommt es an

Die Walnuss war früher so teuer, dass sie „Königsnuss" genannt wurde. Aus Mittelasien fand die Walnuss den Weg über das Mittelmeer nach Europa. Heute ist die Walnuss vor allem in den USA, China, der Türkei, Italien und im Südwesten Deutschlands beheimatet.

Je nach Herkunftsland unterscheiden sich Walnüsse im Geschmack: Walnüsse aus Chile schmecken zum Beispiel eher süßlich, französische Walnüsse sehr nussig und weich.

Je nördlicher das Anbaugebiet, umso bitterer ist der Geschmack.

DIE RICHTIGE MENGE

Eine Handvoll Nüsse pro Tag, das sind etwa 30 g, werden von Ernährungsmedizinern (z.B. von Niels Schulz-Ruhtenberg) empfohlen.

WALNUSS-SPÄTZLE
MIT GEBRATENEN PILZEN

FÜR 4 PERSONEN

Nährwerte pro Portion:
ca. 925 kcal, 32 g EW, 47 g F, 91 g KH, 8 g BST

Zutaten
200 g Walnusskerne
4 Zweige Thymian
abgeriebene Schale von 1 Bio-Zitrone
Salz, Pfeffer aus der Mühle
500 g Dinkelmehl (Type 630)
4 Eier (Größe M)
200 g Pilze (z.B. Champignons)
1 EL Rapsöl
1 EL Butter
frisch geriebene Muskatnuss

1 Die Walnusskerne optional (siehe Tipp unten) in Salzwasser etwa 5 Minuten garen, bis sich die feine Haut um die Kerne herum abgelöst hat. Dann die Kerne mit einer Schaumkelle aus dem Kochwasser nehmen und in Eiswasser abkühlen. Anschließend in ein Sieb abgießen, abtropfen lassen und grob hacken.

2 Inzwischen den Thymian waschen, trocken tupfen, die Blätter abzupfen und fein schneiden. Die gehackten Walnüsse in einer Pfanne ohne Fett kurz anrösten, Thymian sowie Zitronenschale dazugeben und alles mit Salz und Pfeffer würzen, gut mischen und beiseitestellen.

3 Für den Spätzleteig Mehl, 1 Prise Salz und Eier in eine Rührschüssel geben. Nach und nach so viel lauwarmes Wasser mit einem Schneebesen unterrühren, dass ein zählflüssiger Teig entsteht, der Blasen wirft. Den Teig noch etwa 5 Minuten mit einem Löffel schlagen, damit möglichst viel Luft unter den Teig kommt und sich das Klebereiweiß des Mehls herauslöst.

4 In einem großen Topf reichlich Salzwasser aufkochen. Den Teig möglichst dünn auf ein großes Holzbrett streichen und mit einem Spätzleschaber vom Brett in das kochende Salzwasser schaben (alternativ durch eine Spätzlepresse portionsweise in das kochende Wasser drücken). Jede Portion kurz aufkochen, die aufsteigenden Spätzle mit einer Schaumkelle herausheben, in kaltem Wasser abschrecken und in einem Sieb abtropfen lassen.

5 Währenddessen die Pilze putzen, falls nötig, trocken abreiben und in mundgerechte Stücke schneiden. In einer Pfanne in Öl anbraten. Die Spätzle komplett dazugeben und ebenfalls anbraten. Die Butter hinzufügen und alles mit etwas Pfeffer würzen, dann den gerösteten Walnuss-Mix dazugeben und die Spätzle mit Salz und Muskatnuss würzen.

6 Zum Servieren die Spätzle auf Teller verteilen und mit Zitronenschale bestreuen. Die Walnuss-Spätzle passen sehr gut zu gratiniertem Ziegenkäse und in Essig eingelegtem Rhabarber.

Tipp

Walnüsse kochen
Das hat einen geschmacklichen Grund: Die Walnüsse werden im Wasser von der Schale befreit, weil wir nur das Nussaroma haben wollen. In der dünnen Haut befinden sich viel Bitterstoffe.

WALNUSSPÜREE
MIT GEBRATENEM ROMANESCO

FÜR 4 PERSONEN

Nährwerte pro Portion:
ca. 750 kcal, 14 g EW, 57 g F, 42 g KH, 10 g BST

Zutaten
1 l Apfelsaft
1 Lorbeerblatt
200 g Walnusskerne
1 Gemüsezwiebel
½ Sellerieknolle
2 Pastinaken
75 g Butter
1 l Gemüsebrühe
¼ Bund Petersilie
½ Romanesco
Salz, Pfeffer aus der Mühle

Tipp

Pastinaken
Die Wurzeln schmecken mild, sind reich an Kohlenhydraten, Eisen, Zink sowie Vitaminen und leicht verdaulich. Mit ihrem eher süßlichen Geschmack sind sie toll in Pürees.

1 Den Apfelsaft in einem Topf aufkochen und das Lorbeerblatt dazugeben. Die Walnusskerne hinzufügen und darin offen bei schwacher Hitze etwa 5 Minuten weich garen. Anschließend in ein Sieb abgießen und abtropfen lassen, dabei den Apfelsaft auffangen und beiseitestellen, das Lorbeerblatt wieder entfernen.

2 Inzwischen die Zwiebel schälen und fein würfeln. Sellerie und Pastinaken putzen, schälen und in kleine Würfel schneiden. Alles drei im Topf in 50 g Butter anschwitzen. Dann so viel Brühe dazugeben, bis das Gemüse gut bedeckt ist. Offen bei schwacher Hitze etwa 15 Minuten bissfest garen.

3 Die Walnüsse hinzufügen und so viel aufgefangenen Apfelsaft dazugießen, bis das Gemüse wieder gut bedeckt ist, ggf. auch noch etwas Brühe dazugeben. Alles so lange köcheln lassen, bis fast die gesamte Flüssigkeit eingekocht ist und Gemüse und Walnüsse sehr weich sind.

4 Inzwischen die Petersilie waschen, trocken tupfen, die Blätter abzupfen und fein schneiden. Den Romanesco waschen, putzen und in Röschen teilen, ggf. in mundgerechte Stücke schneiden. In einer weiteren Pfanne in der übrigen Butter weich garen und mit Salz und Pfeffer würzen. Die Petersilie hinzufügen und alles nochmals kurz durchschwenken.

5 Zum Servieren den Walnuss-Gemüse-Mix in einen hohen Rührbecher geben und mit dem Stabmixer fein pürieren. Nach Belieben mit Salz und Pfeffer würzen. Das Püree mit dem gebratenen Romanesco auf Teller verteilen.

KNÄCKEBROT

„Knäcka" ist schwedisch und bedeutet „Knusper". Und knusprig ist es – das Knäckebrot. Die dünnen Schweden-Scheiben sollen viele Ballaststoffe und wenig Kalorien haben. Und gelten gemeinhin als Stulle für die schlanke Linie. Doch nur reine Vollkornknäckebrote sind eine echte Alternative zu normalem Brot. Denn in den Randschichten und Schalen der Körner sitzen die Vitamine, Mineral- und Ballaststoffe, die satt machen und den Darm gesund halten.

Die Ballaststoffe sind das große Plus der knackigen Scheiben. Zwischen 15 und 30 g stecken in 100 g Vollkornknäckebrot. Die gleiche Menge Vollkornbrot hat im Schnitt nur 8 g Ballaststoffe. Doch genau hier beginnt die Rechnerei: Denn 100 g bedeutet 2 Scheiben Vollkornbrot oder 7 Scheiben Knäckebrot. Wir müssten also 4 bis 7 der dünnen Scheiben essen, um auf die gleiche Menge Ballaststoffe zu kommen. Und das ist nicht gesund. Nur wenn Vollkorn-Knäckebrot 1 : 1 gegen Brot ausgetauscht wird und nicht mehr Belag draufgelegt wird, ist es gesünder, Knäckebrot zu essen. Dann Knäckebrot liefert im Vergleich zu 1 Scheibe Brot mit 110 kcal schlanke 45 kcal.

Es gibt aber auch Knäckebrot, dass Ballaststoffe pur ist, weil es ausschließlich aus Körnern besteht. Selbst gemachtes Knäcke nämlich.

Tipp

Kompakt macht satt
Unser Knäckebrot kommt ohne Triebmittel und ohne Hefe aus, dadurch wird es nicht so luftig, wie man es aus dem Supermarkt kennt, eher kompakter, aber wesentlich leckerer.

KÖRNERKNÄCKE

FÜR 10 SCHEIBEN

30 g Chiasamen
60 g Leinsamen
50 g Sonnenblumenkerne
50 g Kürbiskerne
50 g helle Sesamsamen
½ TL Salz

Nährwerte pro Scheibe:
ca. 125 kcal, 6 g EW, 9 g F, 3 g KH, 4 g BST

1 Chia- und 30 g Leinsamen im Mörser zerstoßen, mit 200 ml Wasser mischen und etwa 15 Minuten quellen lassen. Den Backofen auf 150 °C (Umluft) vorheizen. Ein Backblech mit Backpapier belegen. Inzwischen Sonnenblumen- und Kürbiskerne, Sesam- und übrigen Leinsamen grob hacken bzw. im Mörser zerstoßen. Alle Zutaten sowie die Samen samt Einweichwasser in eine Schüssel geben, das Salz hinzufügen. Alles gut mischen und die Masse nochmals ein paar Minuten ruhen lassen.

2 Die Masse möglichst dünn auf dem Blech verstreichen, dabei darauf achten, dass keine Löcher entstehen. Die Platte im Ofen auf der mittleren Schiene etwa 1 Stunde backen, bis sie leicht gebräunt und knusprig ist. Herausnehmen und auf dem Blech abkühlen lassen, dann vom Backpapier lösen und in 10 Scheiben brechen. Luftdicht verschlossen hält das Brot 1 bis 2 Wochen.

DINKEL-VOLLKORN-KNÄCKE

FÜR 15 SCHEIBEN

100 g Nüsse (z. B. Hasel- und Walnüsse) und Mandeln (unblanchiert)
125 g Dinkelvollkornmehl
125 g Dinkelvollkornflocken (oder andere Getreideflocken)
25 g geriebene Mandeln
3 EL Olivenöl
2 TL Salz

Nährwerte pro Scheibe:
ca. 130 kcal, 4 g EW, 8 g F, 11 g KH, 2 g BST

1 Nüsse und Mandeln grob hacken und in einer Pfanne ohne Fett kurz anrösten, herausnehmen und abkühlen lassen. Backofen auf 200 °C (Umluft) vorheizen. Ein Backblech mit Backpapier belegen. Mehl, Flocken und geriebene Mandeln in einer Rührschüssel mit der Nussmischung mischen. Öl, 200 ml kaltes Wasser und Salz dazugeben und alles mit den Knethaken des Handrührgeräts gründlich mischen, anschließend kurz ruhen lassen.

2 Die Masse möglichst dünn auf dem Blech verstreichen, dabei darauf achten, dass keine Löcher entstehen. Damit sich das Knäckebrot später leichter brechen lässt, die Platte mit einem Buttermesser in Scheiben portionieren. Die Platte im Ofen auf der mittleren Schiene etwa 25 Minuten backen, bis sie leicht gebräunt und knusprig ist. Herausnehmen und auf dem Blech abkühlen lassen, dann vom Backpapier lösen und in Stücke brechen. Luftdichten verschlossen hält das Brot 1 bis 2 Wochen.

RESTEKÜCHE

Egal ob Apfel-, Zwiebel- oder Möhrenenschalen, Lauchendstücke oder das Sehnige vom Fleisch. Bei uns landet nichts in der Tonne. Wir verwerten alles, was beim Kochen übrigbleibt. Denn alles, was so an Gemüseschalen oder -abschnitten zusammenkommt, liefert gesunde Nährstoffe und viel Geschmack. Aus Fleischresten, Möhrenschalen und Zwiebelenden kann man zum Beispiel noch eine hervorragende Brühe kochen, aus Kräuterstielen eine Gewürzmischung herstellen und aus altem Brot eine leckere Suppe zaubern.

BRÜHE & FOND

Fleischreste (auch tiefgekühlte) in reichlich Wasser etwa 30 Minuten garen, dabei den Schaum abschöpfen. Dann **Gemüseabschnitte und -schalen (z. B. von Sellerie, Lauch, Tomaten, Möhren, Petersilienwurzel, Zwiebel)** in gleichgroße Stücke schneiden, zum Fleisch geben und etwa 30 Minuten mitgaren. Alles durch ein Sieb oder Tuch passieren, ggf. weiter einkochen lassen (also offen köcheln lassen). Dann in sterilisierte Gläser oder Eiswürfelbehälter füllen. Lässt sich im Kühlschrank 1 bis 2 Wochen oder im Tiefkühlfach aufbewahren.

Tipp

Gemüsebrühe in einem Schraubglas im Kühlschrank aufbewahrt, kann immer wieder haltbar gemacht werden. Einfach die Brühe nochmals aufkochen und in ein sauberes Schraubglas füllen. Abkühlen lassen und zurück in den Kühlschrank stellen.

GEWÜRZMISCHUNG

Küchenkräuter wie Thymian, Petersilie, Majoran etc. auf einem Backblech auslegen, dazu **Paprikastreifen, Apfelschalen, Abschnitte von Zwiebeln und Knoblauch**. Im auf 30°C (Ober-/Unterhitze) vorgeheizten Backofen mindestens 8 Stunden trocknen lassen. Anschließend im Mörser fein zermahlen. Luftdicht verschlossen im Kühlschrank aufbewahrt hält die Mischung 1 bis 2 Wochen. Ggf. nochmals auf dem Blech im Ofen nachtrocknen, luftdicht verschlossen aufbewahrt hält die Mischung dann 3 bis 4 Monate.

BROTSUPPE & -SAUCE

1 Zwiebel und **1 Knoblauchzehe** schälen und separat fein würfeln. **Etwa 200 g trockenes Roggenmischbrot** in Würfel schneiden. **1 herb-süßen Apfel** und **2 Petersilienwurzeln** waschen und in Würfel schneiden. Zwiebel in einem Topf in **1 Flocke Butter** anschwitzen, Knoblauch dazugeben. Apfel und Petersilienwurzeln mitgaren, bis sich die Apfelschale leicht von den Stücken lösen lässt. Brotwürfel dazugeben und ebenfalls anrösten. Mit **100 ml Weißwein** ablöschen und so viel **Gemüsebrühe** dazugießen, dass alles gut bedeckt ist. **1 Lorbeerblatt** und **1 EL gehackten Majoran** dazugeben. Alles einmal aufkochen, Lorbeerblatt entfernen und die Masse mit dem Stabmixer pürieren (die Brotsauce darf ruhig etwas dickflüssiger sein). Für eine Suppe noch mit Brühe nach Belieben verlängern.

PESTO

Basilikumblätter (1 Bund oder Topf), auch leicht welke, in den Mixer geben. Basilikumstiele in **etwa 100 ml 60°C warmem Rapsöl** 30 Minuten ziehen lassen, dann das Öl (samt Stielen) über dem Mixer durch ein Sieb abgießen und Blätter und Öl fein mixen. **50 g Käsereste** (sie dürfen nicht schimmlig sein!) fein reiben und mit **1 EL grob gehackten Mandeln oder Walnüssen** zum Basilikumöl geben. Nur sequenzweise mixen, damit die Mandeln und Walnüsse stückig bleiben. Das Pesto mit **Salz** abschmecken. Kühl aufbewahrt hält es gut 5 Tage, kann aber auch portionsweise eingefroren werden.

Abwarten und Tee trinken

Von Birgit Steinke

Ob nun schwarzer, grüner, Früchte- oder Kräutertee. Für jede Tagesform und für (fast) jedes Wehwehchen gibt es einen passenden Tee.

MUNTERMACHER

Grüner und schwarzer Tee sind die perfekten Muntermacher, denn sie enthalten Teein. Teein ist chemisch baugleich zum Koffein aus dem Kaffee. Es lässt unseren Blutdruck steigen und macht darum wach. Aber das Teein hat dem Koffein etwas voraus. Es wird erst im Darm freigesetzt. Dadurch wirkt Tee im Vergleich zum Kaffee zwar später wachmachend, der Effekt hält dafür aber länger an.

DURSTLÖSCHER

Früchtetees enthalten in geringen Mengen Vitamine. Jedoch so wenig, dass man sie getrost vernachlässigen kann. Die wahre Stärke der Früchtetees liegt woanders: Sie sind ideale Durstlöscher. All jene, denen es schwerfällt, über den Tag 1 bis 2 l Flüssigkeit zu sich zu nehmen, rate ich deshalb zum Früchtetee. Dafür reichen auch Produkte aus dem Supermarkt, schließlich gilt: Hauptsache der Tee schmeckt. Denn wenn's schmeckt, fällt es uns oft leichter, ausreichend zu trinken.

MÜDEMACHER

So wie es die „Wachmacher" unter den Grün- und Schwarztees gibt, gibt es auch die „Müdemacher" unter den Arzneitees, wie Lavendel, Baldrian, Hopfen oder Melisse. Sie wirken beruhigend, angstlösend und machen uns schläfrig. Allerdings sollte man diese Tees nicht direkt vor dem Schlafengehen, sondern über den Abend verteilt trinken. Denn es dauert, bis sie schlafanbahnend wirken.

MAGENSCHMEICHLER

Unter den Arzneitees gibt es einige echte Magenschmeichler, auch wenn der Geschmack vielleicht erst einmal gewöhnungsbedürftig ist.

Andorntee beispielsweise hilft hervorragend bei Appetitlosigkeit, da die im Andorn enthaltenen Bitterstoffe anregend auf die Speichel- und Magensaftsekretion wirken.

Kümmeltee: Zerstoßen Sie eine kleine Handvoll Kümmelsamen in einem Mörser etwas. Mit kochend heißem Wasser aufgießen, etwas ziehen lassen und abseihen. Das hilft gut bei Bauchweh infolge krampfartiger Blähungen.

Verdauungstees: Ebenso fördern Tees aus Löwenzahnwurzel oder Artischockenblättern durch die enthaltenen Bitterstoffe die Produktion von Gallen- und Verdauungssäften und tragen wirkungsvoll zur besseren Fettverdauung bei. So werden üppige Mahlzeiten, die vielleicht schwer im Magen liegen könnten, leicht und bekömmlich.

REZEPTREGISTER

BILDNACHWEIS:

Shutterstock/Africa Studio: 58; /AngieYeoh: 169; /Anucha Tiemsom: 24m; /Binh Thanh Bui: 19, 31; /Chatham 172: 98; /Domnitsky: 144; /DUSAN ZIDAR: 45, 151; /Eskymaks: 27u; /Hortimages: 37; /Ines Behrens-Kunkel: 70; /JIANG HONG-YAN: 92u, 114; /Oksana Mizina: 178; /Only Fabrizio: 134; /Photoongraphy: 24o; /Picture Partners: 26u; /PRANEE JIRAKITDACHAKUN: 24u; /Prostock-studio: 26o, 59; /Ramon L. Farinos: 70; /Repli-Kate: 31; /Viktar Malyshchyts: 84; /Vitals: 70; /Volosina: 25u; /WIPHARAT CHAINUPAPHA: 92o; /Xpixel: 145; /Ohn Mar: Illustrationen Cover und Kapitelaufmacher. **Stockfood**/Bozena Garbinska: 85.

ZU DEN AUTOREN

Thomas Sampl ist eine feste Größe in der Hamburger Feinschmeckerszene. Mit einem Gespür für Tradition und einem besonderen Augenmerk auf fast vergessene Rezepturen kombiniert er das Authentische von gestern mit dem Neuen von heute. Seit über 7 Jahren tritt Thomas Sampl in der NDR-Sendung „Visite“ auf.

Madlen Zeller ist Medizinjournalsitin. Egal ob Lebensmittel, Fitness-Übungen oder allerlei Hilfsmittel für ein gesünderes Leben: Alles probiert sie erst einmal an sich selbst aus, bevor sie darüber berichtet. Und das tut sie mit besonderer Freude, wenn es um gesunde heimische Gemüse für „Simpel mit Sampl“ geht.

FOOD FOTOS

Im Buch enthaltene Fotos können zur eigenen Nutzung erworben werden unter ***www.stockfood.de***

IMPRESSUM

Hinter jedem tollen Buch steckt ein starkes Team

Projektleitung: *Sonja Forster*
Texte: *Madlen Zeller*
Rezepte: *Thomas Sampl*
Lektorat: *Kathrin Gritschneder*
Covergestaltung: *Zero Werbeagentur, München*
Grafische Gestaltung und Satz: *Claudia Wolff*
Fotografie: *Claudia Timmann*
Foodstyling: *Pedro Torres*
Herstellung: *Frank Jansen*
Producing: *Jan Russok*
Druck & Bindung: *optimal media GmbH, Röbel*

1. Auflage 2022
© 2022 Edel Verlagsgruppe GmbH
Kaiserstraße 14 b
D-80801 München
ISBN: 978-3-96584-211-3

HINWEIS

Die Ratschläge in diesem Buch wurden mit größter Sorgfalt von den Autoren und vom Verlag erarbeitet und geprüft. Eine Garantie kann jedoch nicht übernommen werden. Ebenso ist eine Haftung der Autoren bzw. des Verlags und seiner Beauftragten für Personen-, Sach- oder Vermögensschäden ausgeschlossen. Erkrankungen mit ernstem Hintergrund gehören in ärztliche Behandlung! Bei bereits bestehenden Beschwerden kann das Buch daher keinen fachärztlichen Rat ersetzen.

LIEBE LESER*INNEN

wie schön, dass Sie ein Buch von ZS in den Händen halten. „jetzt leben!" ist das Motto unseres Verlages. Es steht für Genuss und Inspiration, Unterstützung und Motivation. Ob Kulinarik oder Fitness, Gesundheit oder Lebenshilfe – seit über 30 Jahren bieten wir kompetente Ratgeber für (fast) alle Lebenslagen. Wir lieben Tradition genauso wie Innovation – sie treiben uns an. Unsere Autor*innen sind Menschen, die zu ihrem Thema wirklich etwas zu sagen und zu schreiben haben. Unsere Produkte sind erzählerisch, appetitmachend und als gedruckte Bücher haptisch echte Erlebnisse. Für Sie mit ganz viel Liebe gemacht! Entdecken Sie mehr aus unserer wunderbaren Welt!

UNSER VERLAGSHAUS

Mit Standorten in München, Hamburg und Berlin zählt die Edel Verlagsgruppe zu den größten unabhängigen Buchanbietern Deutschlands. Zur Edel Verlagsgruppe gehört unter anderem ZS mit seinen Lizenzmarken Dr. Oetker Verlag, Kochen & Genießen und Phaidon by ZS.

ZS - Ein Verlag der Edel Verlagsgruppe
www.zsverlag.de
www.facebook.com/zsverlag
www.instagram.com/zsverlag

FÜR DIE UMWELT

ZS unterstützt bei der Produktion dieses Buches das Projekt „Junge Riesen für die nächsten 100 Jahre" im Naturpark Nossentiner/Schwinzer Heide. Damit wird ein Anteil der unvermeidbaren CO_2-Emissionen im direkten Umfeld des Produktionsstandortes kompensiert.

PARTNER
Naturpark Nossentiner / Schwinzer Heide
www.optimal-media.com/naturschutzprojekt-001

NEWSLETTER

Was koche ich denn heute Feines? Und wie geht das nochmal – schmackhaft und gleichzeitig gesund?

Mit dem ZS Newsletter keine kulinarischen und gesundheitlichen Trends mehr verpassen und immer auf dem neuesten Stand bleiben. Wir informieren regelmäßig über unsere Neuerscheinungen, Aktionen oder Gewinnspiele und verraten unsere Lieblingsrezepte!

ANMELDEN!

Jetzt anmelden unter:
www.zsverlag.de/newsletter

GEWINNEN

Unter allen Neuabonnierenden verlosen wir jeden Monat eine ***Gesundheits-*** oder ***Koch-Box*** von ZS.